U0941144

国家统计局上海调查总队
SURVEY OFFICE OF THE NATIONAL BUREAU OF STATISTICS IN SHANGHAI
上海市统计局
SHANGHAI MUNICIPAL STATISTICS BUREAU

2011 上海居民生活和价格年鉴

SHANGHAI RESIDENTS' LIFE AND PRICE YEARBOOK

中国统计出版社
China Statistics Press

编者说明

一、《上海居民生活和价格年鉴—2011》是一本真实记录上海城乡居民生活质量和物价变动等内容的资料工具书。本年鉴收录了2010年上海城乡居民家庭收支和生产、流通、消费与投资等领域的价格统计数据，以及改革开放以来历年的主要统计数据，还有了全国各省(区、市)和主要城市居民家庭收支和价格统计比较数据,是一部供分析研究反映上海人民生活质量和各类价格变化的专业性调查年鉴。

二、年鉴共分6个篇章:第一篇,综合;第二篇,收入;第三篇,消费;第四篇,城市资源与经济;第五篇,价格指数;第六篇,全国及主要城市比较资料。为便于读者使用资料,篇末附有调查简要说明与主要指标解释。

三、城乡居民家庭收支调查和价格调查资料,是由国家统计局上海调查总队依据国家统计局统一制定的抽样调查方案实施抽样调查的结果。

四、年鉴中有关城市资源与经济、城市居民生活质量与环境等总量指标的数据来源于上海市统计局。

五、年鉴中《全国及主要城市比较资料》数据来源于国家统计局城市司和有关城市调查队提供的统计资料。

六、年鉴中的城乡居民家庭收支调查资料和价格调查资料为抽样调查数据,为满足社会各界和研究部门的需要,我们公开了部分城乡居民家庭收支和价格调查的分类和结构数据,使用时可能存在一定的代表性误差,未经同意,请勿分开引用。

七、年鉴符号使用说明:“空格”表示该项统计数据不详或无该项数据;“#”表示其中主要项;“…”表示数据不足本表最小计量单位数。

EDITOR'S NOTE

I. SHANGHAI RESIDENTS' LIFE AND PRICE YEARBOOK 2011 is a reference book with faithful records of the Shanghai urban and rural residents' living quality and price changes. The yearbook is a professional statistic publication, which contains comprehensive data of Shanghai urban and rural households' income and expenditures and data of the city's production, circulation, consumption and investment in 2010. It provides key statistics of the years since the country adopted the reform and opening policy. It also lists households' income and expenditures and price indices of the nation, provinces (autonomous regions and municipalities) and major cities.

II. The yearbook contains six chapters. 1. General Survey; 2. Income; 3. Consumption; 4. Urban Resources and Economy; 5. Price Indices; 6. Comparative Information of the Nation and Major Cities. In the appendixes, there are brief notes on the investigations and explanations on key indicators.

III. The data of urban and rural households' income and expenditures and The data prices are collected through sample surveys carried out by the Shanghai Survey Office of the National Bureau of Statistics in accordance with the uniform sample survey scheme stipulated by the National Bureau of Statistics.

IV. Aggregated data about the city's resource's, environments, economy, and the urban residents' living quality are provided by Shanghai Municipal Statistics Bureau.

V. The data in Chapter 7 (Comparative Information of the Nation and Major Cities) are provided by the Department of Urban Surveys of the National Bureau of Statistics and survey offices of the related cities.

VI. The data of income and expenditures of urban households and price indices are collected by sample surveys. We have also revealed the certain classification and statistical structure of urban and rural households' income and expenditures. The possible error margin should be taken into consideration when using those statistics. Hence, those statistics shall not be used separately without prior permission from the author.

VII. Notations used in the yearbook: "blank space" indicates that the data are either unclear or not available; "#" indicates a major breakdown of the total; "..." indicates a figure not big enough to be rounded into the least unit of measurement in the chart.

目　录
CONTENTS

第一篇　综　合　CHAPTER　1　GENERAL SURVEY

第二篇 收 入 CHAPTER 2 INCOME

第三篇 消 费 CHAPTER 3 Consumption

第四篇 城市资源与经济 CHAPTER 4 Urban Resources and Economy

第五篇 价格指数 CHAPTER 5 Price Indices

第六篇 全国及主要城市比较资料
CHAPTER 6 Comparative Information of the Nation and Major Cities

附录 主要统计指标解释 Appendix Explanatory Notes on Main Statistical Indicators

Chapter 1
第一篇

综　合
General Survey

城乡居民家庭人均可支配收入和消费支出(1978～2010)
Per Capita Disposable Income and Consumption Expenditures of Urban and Rural Households

表1－1

单位:元(Unit:yuan)

年 份 Year	人均可支配收入 Per Capita Disposable Income			人均消费支出 Per Capita Consumption Expenditures		
	城市居民 Urban Residents	农村居民 Rural Residents	城乡居民收入比 (农村居民收入＝100) Ratio of Urban-rural Residents' Income (Rural Residents' Disposable Income＝100)	城市居民 Urban Residents	农村居民 Rural Residents	城乡居民消费支出比 (农村居民消费＝100) Ratio of Urban-rural Residents'Consumption Expenditures (Rural Residents' Consumption Expenditures＝100)
1978	406	281	144.5	357	193	185.0
1979	481	360	133.6	429	247	173.4
1980	637	401	158.9	553	323	171.2
1981	637	444	143.5	585	390	150.0
1982	659	536	122.9	576	444	129.7
1983	686	562	122.1	615	512	120.1
1984	834	785	106.2	726	619	117.3
1985	1 075	806	133.4	992	778	127.5
1986	1 293	936	138.1	1 170	896	130.6
1987	1 437	1 059	135.7	1 282	977	131.2
1988	1 723	1 301	132.4	1 648	1 229	134.1
1989	1 976	1 520	130.0	1 812	1 319	137.4
1990	2 183	1 665	131.1	1 937	1 262	153.5
1991	2 486	2 003	124.1	2 167	1 540	140.7
1992	3 009	2 226	135.2	2 509	1 967	127.6
1993	4 277	2 727	156.8	3 530	2 200	160.5
1994	5 868	3 437	170.7	4 669	2 715	172.0
1995	7 172	4 246	168.9	5 868	3 368	174.2
1996	8 159	4 846	168.4	6 763	3 868	174.8
1997	8 439	5 277	159.9	6 820	4 228	161.3
1998	8 773	5 407	162.3	6 866	4 207	163.2
1999	10 932	5 481	199.5	8 248	3 867	213.3
2000	11 718	5 565	210.6	8 868	4 138	214.3
2001	12 883	5 850	220.2	9 336	4 753	196.4
2002	13 250	6 212	213.3	10 464	5 311	197.0
2003	14 867	6 658	223.3	11 040	5 670	194.7
2004	16 683	7 337	227.4	12 631	6 329	199.6
2005	18 645	8 342	223.5	13 773	7 265	189.6
2006	20 668	9 213	224.3	14 762	8 006	184.4
2007	23 623	10 222	231.1	17 255	8 845	195.1
2008	26 675	11 385	234.3	19 398	9 115	212.8
2009	28 838	12 324	234.0	20 992	9 804	214.1
2010	31 838	13 746	231.6	23 200	10 225	226.9

注：1. 2000年前农村居民平均每人可支配收入按纯收入口径计算，平均每人总收入不包括内部亲友赠送。
2. 根据国家统计局抽样调查方案规定，2005年起，本市农村居民家庭抽样调查样本600户中，包括了由"农转居"进入郊区小城镇的150户居民家庭。

Note：1. Before 2000 per capita disposable income of rural residents refers to the net income. The per capita gross income does not include gifts from relatives and friends.
2. Since 2005, according to amended the sample survey scheme stipulated by the National Bureau of Statistics, the city's sample of 600 rural households has included 150 households which have moved from countryside to towns.

城乡居民家庭人均收入消费名义指数(1980 ~ 2010)

Nominal Indices of Per Capita Disposable Income and Consumption Expenditures of Urban and Rural Households

表 1 - 2

年 份 Year	可支配收入指数 Nominal Indices of Per Capita Disposable Income (1980 = 100)		消费支出指数 Nominal Indices of Per Capita Consumption Expenditures (1980 = 100)	
	城市居民 Urban Residents	农村居民 Rural Residents	城市居民 Urban Residents	农村居民 Rural Residents
1980	100.0	100.0	100.0	100.0
1981	100.0	110.7	105.7	120.7
1982	103.5	133.7	104.1	137.5
1983	107.7	140.1	111.3	158.5
1984	131.0	195.8	131.3	191.6
1985	168.8	201.0	179.4	240.9
1986	203.1	233.4	211.7	277.4
1987	225.6	264.1	231.9	302.5
1988	270.6	324.4	298.1	380.5
1989	310.2	379.1	327.8	408.4
1990	342.7	415.2	350.4	390.7
1991	390.3	499.5	391.9	476.8
1992	472.5	555.1	453.9	609.0
1993	671.7	680.0	638.5	681.1
1994	921.5	857.1	844.4	840.6
1995	1 126.2	1 058.9	1 061.3	1 042.7
1996	1 281.1	1 208.5	1 223.2	1 197.5
1997	1 325.1	1 316.0	1 233.5	1 309.0
1998	1 377.6	1 348.4	1 241.9	1 302.5
1999	1 716.5	1 366.8	1 491.7	1 197.2
2000	1 840.0	1 387.8	1 603.9	1 281.1
2001	2 023.0	1 458.9	1 688.5	1 471.5
2002	2 255.7	1 549.1	1 881.0	1 644.3
2003	2 531.0	1 660.3	1 984.7	1 755.4
2004	2 840.0	1 829.7	2 270.6	1 959.4
2005	3 174.1	2 080.3	2 476.0	2 249.2
2006	3 518.5	2 297.5	2 653.7	2 478.6
2007	4 021.5	2 549.1	3 101.9	2 738.4
2008	4 541.1	2 839.2	3 487.1	2 822.0
2009	4 909.3	3 073.3	3 773.7	3 035.3
2010	5 420.0	3 427.9	4 170.6	3 165.6

注：城市和农村居民收入消费名义指数以 1980 年为 100，未扣除价格因素。

Note: The 1980 nominal index of per capita disposable income and consumption expenditures of urban and rural households is set at 100, without excluding the price factors.

城乡居民家庭人均收入消费实际指数(1980～2010)
Real Indices of Per Capita Disposable Income and Consumption Expenditures of Urban and Rural Households

表1－3

年 份 Year	可支配收入指数 Real Indices of Per Capita Disposable Income (1980＝100)		消费支出指数 Real Indices of Per Capita Consumption Expenditures (1980＝100)	
	城市居民 Urban Residents	农村居民 Rural Residents	城市居民 Urban Residents	农村居民 Rural Residents
1980	100.0	100.0	100.0	100.0
1981	98.6	109.3	104.2	119.2
1982	101.8	131.5	102.4	135.2
1983	105.7	137.6	109.2	155.6
1984	125.8	188.0	126.1	184.1
1985	140.7	167.6	149.5	200.8
1986	159.2	183.1	166.0	217.6
1987	163.7	191.7	168.2	219.5
1988	163.4	196.1	180.1	229.9
1989	161.6	197.6	170.8	212.8
1990	168.0	203.6	171.7	191.6
1991	173.1	221.7	173.9	211.6
1992	190.5	223.9	183.0	245.7
1993	225.3	228.2	214.2	228.6
1994	249.5	232.2	228.7	227.7
1995	256.9	241.7	242.1	238.0
1996	267.6	252.6	255.5	250.3
1997	269.3	267.5	250.7	266.1
1998	280.0	274.1	252.4	264.8
1999	343.7	273.8	298.7	239.8
2000	359.4	271.2	313.3	250.4
2001	395.2	285.1	329.8	287.6
2002	438.4	301.2	365.6	319.7
2003	491.4	322.5	385.4	341.0
2004	539.6	347.9	431.4	372.6
2005	597.1	391.8	465.8	423.6
2006	654.0	427.5	493.3	461.2
2007	724.3	459.9	558.7	494.0
2008	773.1	484.2	593.6	481.3
2009	839.1	526.2	645.0	519.7
2010	898.6	569.1	691.4	525.8

注：人均可支配收入和消费支出实际指数是扣除价格因素后按同口径计算的。

Note: The real indices of per capita disposable income and consumption expenditures are calculated according to the same caliber after deducting the price factors.

城乡居民家庭人均消费支出(1978～2010)
Per Capita Consumption Expenditures of Urban and Rural Households

表1－4 单位:元(Unit:yuan)

年 份 Year	城市居民 Urban Residents	农村居民 Rural Residents	城乡居民消费支出比 (农村居民＝100) Ratio of Urban-Rural Residents' Consumption Expenditures (Rural Residents' Consumption Expenditures＝100)
1978	357	193	185.0
1979	429	247	173.4
1980	553	323	171.2
1981	585	390	150.0
1982	576	444	129.7
1983	615	512	120.1
1984	726	619	117.3
1985	992	778	127.5
1986	1 170	896	130.6
1987	1 282	977	131.2
1988	1 648	1 229	134.1
1989	1 812	1 319	137.4
1990	1 937	1 262	153.5
1991	2 167	1 540	140.7
1992	2 509	1 967	127.6
1993	3 530	2 200	160.5
1994	4 669	2 715	172.0
1995	5 868	3 368	174.2
1996	6 763	3 868	174.8
1997	6 820	4 228	161.3
1998	6 866	4 207	163.2
1999	8 248	3 867	213.3
2000	8 868	4 138	214.3
2001	9 336	4 753	196.4
2002	10 464	5 311	197.0
2003	11 040	5 670	194.7
2004	12 631	6 329	199.6
2005	13 773	7 265	189.6
2006	14 762	8 006	184.4
2007	17 255	8 845	195.1
2008	19 398	9 115	212.8
2009	20 992	9 804	214.1
2010	23 200	10 225	226.9

城乡居民人均消费支出项目比较(1978～2010)
Items Comparison of Per Capita Consumption Expenditures of Urban and Rural Residents

表1－5　　　　单位:元（Unit:yuan）

年份 Year	食品 Food		衣着 Clothing		家庭设备用品及服务 Household Facilities, Articles and Services		医疗保健 Medical and Health Services	
	城市居民 Urban Residents	农村居民 Rural Residents	城市居民 Urban Residents	农村居民 Rural Residents	城市居民 Urban Residents	农村居民 Rural Residents	城市居民 Urban Residents	农村居民 Rural Residents
1978	200	117	52	29	26	12	4	
1979	242	137	63	37	30	13	5	
1980	310	167	79	35	50	5	7	
1981	332	198	89	43	53	11	6	
1982	339	221	82	39	51	13	6	
1983	360	241	90	46	55	43	6	4
1984	410	287	120	48	68	42	3	6
1985	517	341	148	67	131	65	5	8
1986	617	406	158	74	164	73	4	10
1987	698	450	181	81	165	94	6	9
1988	868	488	244	110	232	174	7	18
1989	1 011	558	208	111	215	159	9	23
1990	1 095	586	208	107	196	129	11	33
1991	1 234	739	238	134	220	151	14	35
1992	1 403	853	277	148	196	232	37	45
1993	1 873	1 022	414	157	295	259	68	50
1994	2 497	1 315	483	213	427	267	84	75
1995	3 131	1 491	561	233	637	284	113	73
1996	3 429	1 657	590	256	614	363	148	108
1997	3 526	1 756	552	267	525	338	197	174
1998	3 477	1 775	472	239	453	369	261	170
1999	3 731	1 669	551	202	772	389	347	160
2000	3 947	1 823	567	201	683	225	501	209
2001	4 056	1 915	577	226	579	294	558	265
2002	4 120	1 872	613	226	653	281	734	280
2003	4 102	2 004	751	250	792	297	603	333
2004	4 593	2 191	797	280	780	344	762	425
2005	4 940	2 676	940	367	800	458	797	562
2006	5 249	3 024	1 027	418	877	481	763	549
2007	6 125	3 259	1 330	476	959	452	857	571
2008	7 109	3 732	1 521	467	1 182	504	755	697
2009	7 345	3 639	1 593	496	1 365	481	1 002	739
2010	7 777	3 807	1 794	554	1 800	528	1 006	585

表1－5续表 Continued

单位:元(Unit:yuan)

年份 Year	交通和通信 Transport and Communication		教育文化娱乐 Education, Culture and Recreation		居 住 Resident		其他商品及服务 Other Commodities and Services	
	城市居民 Urban Residents	农村居民 Rural Residents	城市居民 Urban Residents	农村居民 Rural Residents	城市居民 Urban Residents	农村居民 Rural Residents	城市居民 Urban Residents	农村居民 Rural Residents
1978	13		30		17	25	15	10
1979	16		33		21	50	19	10
1980	20		49		26	82	12	34
1981	23		38		28	96	16	42
1982	23		33		34	128	8	43
1983	25	1	37	6	33	165	9	6
1984	28	2	46	12	36	215	15	7
1985	30	2	91	34	43	254	27	7
1986	32	4	111	40	48	286	36	3
1987	38	3	108	39	60	287	26	14
1988	41	4	145	50	71	343	40	42
1989	48	4	193	68	74	344	54	52
1990	58	6	231	59	90	272	48	70
1991	62	15	216	85	118	324	65	57
1992	114	31	220	121	164	451	98	86
1993	211	65	321	220	208	357	140	70
1994	292	79	381	222	333	454	172	90
1995	321	159	508	256	401	761	196	111
1996	496	200	827	347	416	816	243	121
1997	397	240	828	414	605	921	190	118
1998	406	226	893	463	674	876	230	89
1999	583	197	1 094	474	842	681	328	95
2000	759	279	1 287	559	794	724	330	118
2001	958	340	1 422	673	796	890	390	150
2002	1 115	462	1 668	661	1 189	1 392	372	137
2003	1 259	587	1 834	676	1 280	1 437	419	86
2004	1 703	720	2 195	806	1 327	1 446	474	117
2005	1 984	739	2 273	936	1 412	1 323	627	204
2006	2 333	780	2 432	920	1 436	1 658	645	176
2007	3 154	884	2 654	857	1 412	2 097	764	249
2008	3 373	880	2 875	850	1 646	1 806	937	179
2009	3 499	1 212	3 139	943	1 913	2 103	1 136	191
2010	4 076	1 459	3 363	1 012	2 166	2 070	1 218	210

城市居民家庭生活基本情况(1978～2010)
Basic Conditions of Urban Households

表1－6

年 份 Year	调查户数(户) Sample Size of the Survey (household)	平均每户家庭人口(人) Average Household Size(person)	平均每户就业人口(人) Average Number of Employed Persons Per Household (person)	平均每一就业者负担人数(人) Number of Dependents Per Employee (person)	平均每户就业面(%) Proportion of Employment per Household (%)
1978	500	4.22	2.51	1.68	59.5
1979	500	4.18	2.57	1.63	61.5
1980	500	4.06	2.41	1.68	59.4
1981	500	4.06	2.47	1.64	60.8
1982	500	4.03	2.48	1.63	61.5
1983	500	4.00	2.52	1.59	63.0
1984	500	3.94	2.53	1.56	64.2
1985	500	3.72	2.27	1.64	61.0
1986	500	3.66	2.30	1.59	62.8
1987	500	3.55	2.20	1.61	62.0
1988	500	3.38	2.08	1.63	61.5
1989	500	3.27	2.00	1.64	61.2
1990	500	3.25	1.98	1.64	60.9
1991	500	3.18	1.91	1.66	60.1
1992	500	3.11	1.84	1.69	59.2
1993	500	3.03	1.77	1.71	58.4
1994	500	3.07	1.69	1.82	55.0
1995	500	3.11	1.65	1.88	53.1
1996	500	3.07	1.58	1.94	51.5
1997	500	3.08	1.59	1.94	51.6
1998	500	3.09	1.58	1.96	51.1
1999	500	3.08	1.73	1.78	56.2
2000	500	3.04	1.64	1.85	53.9
2001	500	3.00	1.55	1.94	51.7
2002	500	2.90	1.52	1.91	52.4
2003	500	2.99	1.55	1.93	51.8
2004	1 000	3.04	1.53	1.99	50.3
2005	1 000	3.01	1.55	1.94	51.5
2006	1 000	3.02	1.60	1.89	53.0
2007	1 000	3.01	1.64	1.84	54.5
2008	1 000	2.97	1.63	1.82	54.9
2009	1 000	2.93	1.60	1.83	54.6
2010	1 000	2.90	1.60	1.81	55.2

表 1－6 续表 Continued

年 份 Year	人均可支配收入 （元） Per Capita Disposable Income （yuan）	人均消费支出 （元） Per Capita Consumption Expenditures （yuan）	#服务性消费支出 Consumption Expenditures on Services	恩格尔系数 （%） Engel Coefficient （%）	平均消费倾向 （%） Average Propensity to Consume （%）
1978	406	357		56.0	87.9
1979	481	429		56.4	89.2
1980	637	553	75	56.0	86.8
1981	637	585	79	56.8	91.8
1982	659	576	82	58.9	87.4
1983	686	615	87	58.5	89.7
1984	834	726	101	56.5	87.1
1985	1 075	992	121	52.1	92.3
1986	1 293	1 170	136	52.7	90.5
1987	1 437	1 282	161	54.4	89.2
1988	1 723	1 648	171	52.7	95.6
1989	1 976	1 812	190	55.8	91.7
1990	2 183	1 937	233	56.5	88.7
1991	2 486	2 167	294	56.9	87.2
1992	3 009	2 509	365	55.9	83.4
1993	4 277	3 530	568	53.1	82.5
1994	5 868	4 669	732	53.5	79.6
1995	7 172	5 868	889	53.4	81.8
1996	8 159	6 763	1 205	50.7	82.9
1997	8 439	6 820	1 173	51.7	80.8
1998	8 773	6 866	1 344	50.6	78.3
1999	10 932	8 248	1 781	45.2	75.4
2000	11 718	8 868	2 154	44.5	75.7
2001	12 883	9 336	2 393	43.4	72.5
2002	13 250	10 464	3 033	39.4	79.0
2003	14 867	11 040	3 369	37.2	74.3
2004	16 683	12 631	4 084	36.4	75.7
2005	18 645	13 773	4 447	35.9	73.9
2006	20 668	14 762	4 841	35.6	71.4
2007	23 623	17 255	5 595	35.5	73.0
2008	26 675	19 398	6 287	36.6	72.7
2009	28 838	20 992	6 656	35.0	72.8
2010	31 838	23 200	6 955	33.5	72.9

农村居民家庭生活基本情况(1978～2010)
Basic Conditions of Rural Households

表1－7

年 份 Year	调查户数(户) Sample Size of the Survey (household)	平均每户家庭人口(人) Average Household Size (person)	平均每户劳动力人口(人) Average Number of Laborers Per Household (person)	平均每一劳动力负担人数(人) Number of Dependents Per Laborer (person)
1978	96	4.38	2.74	1.60
1979	96	4.25	2.79	1.52
1980	280	4.28	2.84	1.51
1981	360	4.25	2.87	1.48
1982	360	4.18	2.84	1.47
1983	360	4.11	2.86	1.44
1984	360	4.09	2.80	1.46
1985	1 000	3.86	2.58	1.50
1986	1 000	3.83	2.59	1.48
1987	1 000	3.79	2.58	1.47
1988	1 000	3.73	2.61	1.43
1989	1 000	3.71	2.61	1.42
1990	1 000	3.68	2.46	1.49
1991	600	3.49	2.36	1.48
1992	600	3.43	2.36	1.46
1993	600	3.41	2.45	1.39
1994	600	3.41	2.51	1.36
1995	600	3.47	2.54	1.37
1996	600	3.40	2.54	1.34
1997	600	3.35	2.48	1.35
1998	600	3.33	2.50	1.33
1999	600	3.31	2.54	1.30
2000	600	3.31	2.53	1.31
2001	600	3.29	2.48	1.33
2002	600	3.33	2.52	1.32
2003	600	3.34	2.59	1.29
2004	600	3.33	2.54	1.31
2005	600	3.21	2.19	1.47
2006	600	3.20	2.24	1.43
2007	600	3.18	2.17	1.47
2008	600	3.15	2.15	1.46
2009	600	3.15	2.11	1.50
2010	600	3.11	2.11	1.48

注：根据国家统计局抽样调查方案规定,2005年起,本市农村居民家庭抽样调查样本600户中,包括了由“农转居”进入郊区小城镇的150户居民家庭。

Note: Since 2005, according to the amendde sample survey scheme stipulated by the National Bureau of Statistics, the city's sample of 600 rural households has included 150 households who have moved from countryside to towns.

表1－7 续表 Continued

年 份 Year	人均可支配收入 （元） Per Capita Disposable Income （yuan）	人均消费支出 （元） Per Capita Consumption Expenditures （yuan）	#服务性消费支出 Consumption Expenditures on Services	恩格尔系数 （%） Engel Coefficient （%）	平均消费倾向 （%） Average Propensity to Consume （%）
1978	281	193		60.6	68.7
1979	360	247		55.4	68.6
1980	401	323		51.7	80.5
1981	444	390		50.8	87.8
1982	536	444		49.8	82.8
1983	562	512		47.0	91.1
1984	785	619		46.4	78.9
1985	806	778		43.8	96.5
1986	936	896		45.3	95.7
1987	1 059	977		46.1	92.3
1988	1 301	1 229		39.7	94.5
1989	1 520	1 319		42.3	86.8
1990	1 665	1 262		46.4	75.8
1991	2 003	1 540		48.0	76.9
1992	2 226	1 967		43.4	88.4
1993	2 727	2 200		46.4	80.7
1994	3 437	2 715		48.4	79.0
1995	4 246	3 368		44.3	79.3
1996	4 846	3 868		42.8	79.8
1997	5 277	4 228		41.5	80.1
1998	5 407	4 207		42.2	77.8
1999	5 481	3 867		43.1	70.6
2000	5 565	4 138		44.0	74.4
2001	5 850	4 753	1 397	40.3	81.2
2002	6 212	5 311	1 517	35.2	85.5
2003	6 658	5 670	1 745	35.4	85.2
2004	7 337	6 329	2 075	34.6	86.3
2005	8 342	7 265	2 359	36.8	87.1
2006	9 213	8 006	2 652	37.8	86.9
2007	10 222	8 845	2 809	36.8	86.5
2008	11 385	9 115	3 002	40.9	80.1
2009	12 324	9 804	2 896	37.1	79.6
2010	13 746	10 225	2 951	37.2	74.4

主要年份城市居民家庭人均购买主要商品数量
Per Capita Purchase of Major Consumer Goods of Urban Households in Main Years

表1－8

商品名称	Name of Commodities	单位 Unit	1980	1985	1990	1995	2000	2005	2010
粮　食	Grain	千克 kg	148.6	93.2	82.6	82.1	68.8	59.5	69.7
#大米和面粉	Rice and Flour	千克 kg		84.5	71.4	66.8	54.2	45.1	41.0
食用植物油	Edible Vegetable Oil	千克 kg	5.4	7.8	9.3	9.3	10.9	9.5	8.0
猪　肉	Pork	千克 kg	20.0	16.7	20.3	19.9	17.3	18.7	18.6
牛羊肉	Beef and Mutton	千克 kg	0.7	1.4	2.1	1.8	2.2	2.6	2.8
家禽类	Poultry	千克 kg	2.9	7.4	7.7	13.5	15.1	12.4	13.9
#鸡　鸭	Chicken and Duck	千克 kg				9.3	8.7	8.6	9.4
鲜　蛋	Eggs	千克 kg	7.7	9.5	10.4	9.4	11.3	9.2	9.6
水产品类	Aquatic Products	千克 kg	17.6				27.6		
#鱼	Fish	千克 kg		13.5	16.5	19.7	19.8	15.6	14.2
鲜　菜	Vegetables	千克 kg	146.4	111.0	113.4	97.7	104.7	98.9	102.7
酒　类	Liquor	千克 kg	7.4	10.6	15.2	15.4	14.5	12.1	6.5
糕点类	Cake	千克 kg	4.5	5.2	4.7	3.7	4.6	4.9	5.5
鲜瓜果类	Fresh Melon and Fruit	千克 kg	35.9	39.0	55.9	60.0	74.3	65.6	65.5
鲜乳品及酸奶	Fresh Milk and Yogurt	千克 kg	4.9	13.7	22.5	25.2	29.6	29.6	28.8
服　装	Clothing	件 Unit	2.7	5.4	6.1	6.4	7.3	8.9	
#男士服装	Men's Clothing	件 Unit				2.1	2.6	3.3	
女士服装	Women's Clothing	件 Unit				3.2	4.3	4.7	
生活用水	Household Water Consumption	立方米 cubic meters				52.3	53.3	53.0	52.2
生活用电	Household Power Consumption	千瓦/时 kwh				275.5	421.3	573.5	814.9
液化石油气	Liquefied Petroleum Gas	千克 kg	5.4	2.4	2.6	7.0	3.3	1.0	0.8
管道煤气	Pipeline Gas	立方米 cubic meters				85.4	155.7	141.5	113.3

主要年份城市居民家庭平均每百户耐用消费品拥有量
Per 100 Urban Households Possession of Durable Consumer Goods in Main Years

表 1－9

商品名称	Name of Commodities	单位 Unit		1980	1985	1990	1995	2000	2005	2010
自行车	Bicycle	辆	unit	65	81	114	115	126	119	
助力车	Moped	辆	unit				5	15	24	34
摩托车	Motorcycle	辆	unit		…	…	1	1	3	2
家用汽车	Family Car	辆	unit						3.8	16.9
缝纫机	Sewing Machine	台	unit	80	93	87	73	68	44	
洗衣机	Washing Machine	台	unit		26	72	78	93	97	99
电冰箱	Fridge	台	unit		20	88	98	102	104	104
微波炉	Microwave Oven	台	unit				33	78	96	98
电炊具	Electric Cooker	台	unit		3	23	160	149	180	
热水淋浴器	Water Heater	台	unit				37	64	90	98
吸尘器	Vacuum Cleaner	台	unit				36	46	54	
排油烟机	Kitchen Hood	台	unit				40	57	82	
消毒碗柜	Disinfection Cupboard	台	unit						14	16
家用电脑	Personal Computer	台	unit				2	26	81	129
彩色电视机	Color TV Set	台	unit		22	77	109	147	177	188
组合音响	Music Center	套	unit			1	13	32	48	52
影碟机	VCD Player	台	unit					50	93	
摄像机	Video Camera	架	unit				1	3	10	17
照相机	Camera	架	unit	7	20	44	52	71	85	95
录放像机	Video Recorder	台	unit			14	49	52	26	
录音机	Recorder	台	unit	11	59	100	90	77	58	
钢　琴	Piano	架	unit				2	3	4	6.7
移动电话	Mobile Phone	部	unit					29	181	230
健身器材	Fitness Equipment	台	unit				…	6	10	9
家用空调器	Household Air Conditioner	台	unit				33	96	168	200
电风扇	Electric Fan	台	unit	45	118	187	216	227	230	

主要年份农村居民家庭人均购买主要食品消费量
Per Capita Consumption of Major Foods of Rural Households in Main Years

表1－10

商品名称	Name of Commodities	单位 Unit	1978	1980	1985	1990	1995	2000	2005	2010
粮　食	Grain	千克 kg	293.1	302.8	263.8	236.5	250.7	222.3	146.2	135.8
#稻　谷	Rice	千克 kg	265.8	242.6	250.0	229.9	242.3	205.3	134.3	130.5
油脂类	Edible Oil	千克 kg	3.6	3.7	4.9	7.9	6.4	8.0	8.6	7.5
蔬菜及菜制品	Vegetables and Their Products	千克 kg	110.7	109.1	114.0	119.9	72.8	92.4	70.6	65.0
肉禽及其制品	Meat, Poultry and Their Products	千克 kg	9.3	13.6	19.0	21.9	22.4	29.7	36.5	35.0
#猪　肉	Meat	千克 kg	8.3	12.5	16.1	16.0	13.5	17.4	17.9	17.1
家　禽	Poultry	千克 kg	0.8	0.8	2.5	5.1	4.2	8.0	8.9	8.4
蛋类及蛋制品	Eggs and Their Products	千克 kg	3.0	2.8	5.0	8.4	5.6	10.7	7.7	8.1
奶及奶制品	Milk and Its Products	千克 kg						2.1	9.1	7.0
水产品	Aquatic Products	千克 kg	4.0	4.1	5.1	9.8	9.9	14.5	19.1	17.2
#鱼　类	Fish	千克 kg						10.1	12.1	11.3
虾、贝、蟹类	Shrimp, Shellfish, Crab	千克 kg						2.6	4.7	4.3
水果及水果制品	Fruits and Their Products	千克 kg			5.1	21.0	20.5	36.9	29.5	29.0
食　糖	Sugar	千克 kg	2.8	2.8	3.5	3.6	2.7	2.5	1.9	1.9
卷　烟	Cigarette	盒 case		40.0	65.4	58.6	41.8	44.5	49.5	46.7
酒	Liquor	千克 kg	3.7	4.4	11.8	12.7	15.3	15.7	18.2	15.1

注：1992年以前食糖消费包括糖果等。
Note: Candies were included in Sugar before 1992.

主要年份农村居民家庭平均每百户耐用消费品拥有量
Per 100 Rural Households Possession of Durable Consumer Goods in Main Years

表 1－11

商品名称	Name of Commodities	单位 Unit	1978	1980	1985	1990	1995	2000	2005	2010
彩色电视机	Color TV Set	台 Unit			4	25	49	97	157	198
电冰箱	Fridge	台 Unit				29	56	74	89	103
洗衣机	Washing Machine	台 Unit			2	45	63	69	86	95
照相机	Camera	架 Unit			1	4	6	14	18	27
影碟机	VCD Player	台 Unit						27	33	22
摄像机	Video Camera	台 Unit						1	2	5
轻骑、摩托车	Moped and Motorcycle	辆 unit						73	72	46
空调器	Household Air Conditioner	台 Unit					1	14	84	147
抽油烟机	Kitchen Hood	台 Unit						35	60	74
微波炉	Microwave Oven	台 Unit						14	66	84
吸尘器	Vacuum Cleaner	台 Unit						9	21	28
热水器	Water Heater	台 Unit						44	78	96
移动电话	Mobile Phone	部 Unit						19	130	194
家用电脑	Personal Computer	台 Unit						5	32	60
录放像机	VCR	台 Unit					9	13	14	
收音机	Radio	台 Unit	16	41	49	27	39	39		
录音机	Recorder	台 Unit			9	27	36	38	26	
电风扇	Electric Fan	台 Unit		10	62	204	270	326	306	

城市教育
Urban Education

表 1－12

年 份 Year	普通高等学校在校学生数(万人) Number of Enrolled Students of Regular Higher Education Institutions (10000 persons)	普通中学在校学生数(万人) Number of Enrolled Students of Regular Secondary Schools (10000 persons)	小学在校学生数(万人) Number of Enrolled Students of Primary Schools (10000 persons)	每万人拥有在校大学生(人) Number of Enrolled College Students per 10000 Population (person)
1978	5.06	100.26	87.06	46
1979	6.74	81.72	88.00	60
1980	7.67	62.71	85.47	67
1981	9.11	49.93	83.22	78
1982	8.39	53.53	78.88	71
1983	7.87	52.04	79.82	66
1984	8.99	49.18	83.47	74
1985	10.79	48.10	84.18	88
1986	11.77	48.31	86.56	94
1987	12.25	48.21	89.35	97
1988	12.82	45.68	98.39	100
1989	12.61	46.10	106.02	96
1990	12.13	48.31	110.19	90
1991	11.69	51.24	111.38	87
1992	11.95	54.77	113.37	88
1993	13.10	57.69	116.70	95
1994	14.04	65.56	113.98	100
1995	14.41	72.40	109.78	101
1996	14.79	76.23	106.46	102
1997	15.38	74.43	102.44	103
1998	16.51	73.85	96.14	108
1999	18.63	76.69	87.16	119
2000	22.68	79.54	78.86	141
2001	28.00	80.23	72.28	168
2002	33.16	78.97	67.24	194
2003	37.85	75.47	64.83	214
2004	41.57	82.78	53.74	227
2005	44.26	77.02	53.50	234
2006	46.63	71.17	53.37	237
2007	48.49	65.60	53.33	235
2008	50.29	61.77	59.06	235
2009	51.28	60.37	67.12	232
2010	51.57	59.44	70.16	224

注：高等学校在校学生数未包括研究生数。
Note: The number of enrolled students of higher education institutions does not include post－graduates.

城市文化
Urban Culture

表1－13

年 份 Year	图书出版数量(亿册、张) Books Published (100 million copies/signatures)	期刊出版数量(亿册、张) Periodicals Published (100 million copies/signatures)	报纸出版数量(亿份) Newspapers Published (100 million copies)	博物馆、纪念馆(个) Museums and Memorial Halls (unit)	公共图书馆(个) Public Libraries (unit)
1978	3.92	0.47	6.41	6	23
1979	4.58	0.73	7.32	8	23
1980	5.62	1.22	8.55	7	23
1981	6.01	2.03	10.28	7	23
1982	6.07	2.31	14.93	8	23
1983	4.65	2.51	18.13	8	40
1984	5.37	3.10	19.63	8	45
1985	4.96	3.45	19.54	8	46
1986	3.66	3.03	19.94	10	49
1987	4.26	3.13	22.45	10	50
1988	4.33	2.66	21.38	10	54
1989	3.28	1.86	15.85	10	52
1990	2.98	1.73	16.16	10	51
1991	3.11	1.79	18.48	10	31
1992	2.75	1.84	24.76	12	31
1993	2.26	1.82	32.27	12	31
1994	2.35	1.72	30.43	12	31
1995	2.44	1.78	19.04	12	31
1996	2.79	1.66	18.93	12	32
1997	2.70	1.66	19.34	12	32
1998	2.83	1.65	19.73	11	32
1999	2.68	1.78	18.42	11	32
2000	2.54	1.85	16.77	11	31
2001	2.68	1.85	16.98	11	32
2002	2.59	1.80	16.46	23	32
2003	2.74	1.83	17.05	23	35
2004	2.67	1.93	19.71	90	28
2005	2.59	1.90	19.06	100	28
2006	2.54	1.83	17.89	106	28
2007	2.40	1.83	17.04	106	30
2008	2.64	1.90	17.24	111	29
2009	2.74	1.79	16.33	110	29
2010	2.89	1.78	15.90	114	28

城市医疗卫生
Urban Medical and Health Care

表 1 – 14

年 份 Year	医院(个) Hospitals (unit)	医生(万人) Doctors (10000 persons)	医院床位数(万张) Beds at Hospitals (10000 beds)	每万人拥有医生数(人) Number of Doctors per 10000 Population (person)
1978	388	3.35	4.68	30
1979	394	3.58	4.78	31
1980	399	3.92	4.94	34
1981	403	4.37	4.99	37
1982	408	4.72	5.11	40
1983	415	4.87	5.20	41
1984	420	4.84	5.34	40
1985	405	4.85	5.32	39
1986	419	4.91	5.47	39
1987	431	5.05	5.60	40
1988	444	5.40	5.89	42
1989	460	5.73	6.04	44
1990	462	5.82	6.21	44
1991	463	5.89	6.31	44
1992	454	5.88	6.42	43
1993	486	5.75	6.75	42
1994	497	5.52	6.81	39
1995	485	5.37	6.69	38
1996	477	5.24	6.73	36
1997	474	5.13	6.78	34
1998	473	5.03	6.83	33
1999	465	5.06	7.06	32
2000	459	4.99	7.31	31
2001	432	4.85	7.63	29
2002	436	4.38	8.13	26
2003	452	4.41	8.11	25
2004	489	4.38	8.50	24
2005	487	4.40	8.93	23
2006	505	4.55	9.28	23
2007	288	4.88	7.54	24
2008	301	5.12	7.78	24
2009	296	5.11	7.95	23
2010	306	5.13	8.48	22

注：2007 年开始，医院统计范围按照新的《2007 国家卫生统计调查制度》统计，不再包括社区卫生服务中心、妇幼保健院和专科防治院。

Note: Since 2007, the number of hospitals has been calculated according to the "2007 State Public Health Survey System," which excludes the number of community health service centers, maternity and child care centers and specialized prevention & treatment centers.

城市绿化
Urban Greening

表1－15

年 份 Year	城市园林绿化面积(公顷) Total Area of Urban Parks, Gardens and Green Areas (hectare)	#公共绿地面积 Public Green Area	绿化覆盖率(%) Coverage Rate of Urban Green Area (%)	人均公共绿地(平方米) Per Capita Public Green Area (sqm)
1978	761	383	8.2	0.47
1979	775	401	9.6	0.47
1980	1 738	390	8.2	0.44
1981	1 772	404	6.1	0.46
1982	1 883	485	9.0	0.45
1983	1 947	489	9.1	0.45
1984	2 113	510	9.7	0.47
1985	2 339	522	9.7	0.71
1986	2 719	761	10.2	0.90
1987	2 886	801	10.7	0.93
1988	3 127	889	11.4	0.96
1989	3 308	910	11.7	0.96
1990	3 570	983	12.4	1.02
1991	4 167	1 070	12.7	1.07
1992	4 399	1 121	13.2	1.11
1993	4 654	1 189	13.8	1.15
1994	5 939	1 431	15.1	1.44
1995	6 561	1 793	16.0	1.69
1996	7 231	2 008	17.0	1.92
1997	7 849	2 484	17.8	2.41
1998	8 855	3 117	19.1	2.96
1999	11 117	3 856	20.3	3.62
2000	12 601	4 812	22.2	4.60
2001	14 771	5 820	23.8	5.56
2002	18 758	7 810	30.0	7.76
2003	24 426	9 450	35.2	9.16
2004	26 689	10 979	36.0	10.11
2005	28 865	12 038	37.0	11.01
2006	30 609	13 307	37.3	11.50
2007	31 795	13 899	37.6	12.01
2008	34 256	14 777	38.0	12.51
2009	116 929	15 406	38.1	12.80
2010	120 148	16 053	38.2	13.00

城市环境保护
Urban Environment Protection

表 1－16

年 份 Year	环境保护投资(亿元) Investment in Environment Protection (100 million yuan)	# 城市环境基础设施投资 Investment in Urban Environmental Infrastructures	环境保护投资相当于 GDP 比重(%) Proportion of Investment in Environment Protection in GDP (%)
1991	7.60	1.40	0.90
1992	15.20	9.30	1.40
1993	32.13	19.90	2.10
1994	39.09	23.55	2.00
1995	46.49	22.11	1.90
1996	68.83	35.40	2.40
1997	82.35	48.56	2.50
1998	102.13	72.47	2.80
1999	111.57	87.81	2.80
2000	141.91	105.45	3.10
2001	152.93	116.58	3.10
2002	162.39	126.99	3.00
2003	191.53	144.05	3.10
2004	225.37	166.90	3.03
2005	281.18	201.01	3.04
2006	310.85	177.81	2.94
2007	366.12	233.22	2.93
2008	422.37	284.30	3.00
2009	460.42	282.74	3.09
2010	507.54	294.73	2.96

城市道路与交通
Urban Roads and Public Transport

表1－17

年 份 Year	铺装道路面积(万平方米) Area of Paved Roads (10000 sqm)	年末拥有营运公交车辆(辆) Year－end Number of Public Transport Vehicles (unit)	#公共汽车 Buses	公共汽电车客运量(亿人次) Volume of Passenger Transport by Buses and Trolleybuses (100 million person-time)
1978	868	2 983	2 298	25.05
1979	889	3 416	2 731	30.02
1980	894	3 719	3 034	34.09
1981	974	3 974	3 269	36.85
1982	981	4 189	3 374	38.42
1983	997	4 456	3 616	41.09
1984	1 017	4 703	3 835	45.56
1985	1 294	5 036	4 153	50.10
1986	1 254	5 505	4 579	51.85
1987	1 303	5 843	4 883	55.41
1988	1 455	5 988	5 027	55.99
1989	1 692	6 087	5 187	55.09
1990	1 787	6 264	5 341	54.37
1991	1 802	6 562	5 628	56.95
1992	1 841	6 837	5 960	58.68
1993	2 829	7 037	6 184	55.98
1994	3 037	7 415	6 617	52.37
1995	3 434	11 637	10 884	51.35
1996	3 755	13 323	12 715	23.07
1997	4 341	14 207	13 655	23.78
1998	5 403	15 282	14 764	24.88
1999	6 393	16 661	16 095	24.20
2000	8 147	17 939	17 358	26.49
2001	13 418	18 083	17 481	26.84
2002	14 730	18 541	17 951	27.75
2003	16 510	18 625	18 102	27.31
2004	20 558	18 186	17 651	28.38
2005	20 942	17 985	17 509	27.81
2006	21 490	17 284	16 899	27.40
2007	22 579	16 944	16 672	26.50
2008	14 405	16 537	16 306	26.63
2009	24 566	16 272	16 039	27.06
2010	25 607	17 455	17 038	28.08

城市社会保险参保人数
Number of Participants in Urban Social Insurance

表1-18 单位:万人(Unit:10000 persons)

年 份 Year	城镇基本养老保险 Urban Basic Pension Insurance	城镇基本医疗保险 Urban Basic Medical Insurance	城镇职工失业保险 Unemployment Insurance of Urban Staff and Workers	城镇职工生育保险 Maternity Insurance of Urban Staff and Workers
2000	441.09	364.59	434.86	
2001	443.67	441.80	430.71	443.67
2002	452.85	448.97	436.01	452.85
2003	461.06	459.06	441.14	461.06
2004	455.40	453.26	488.32	455.40
2005	454.78	452.77	466.06	539.27
2006	477.72	453.60	476.41	555.09
2007	483.83	456.83	491.54	591.96
2008	495.26	466.97	511.83	609.89
2009	506.86	578.66	523.53	625.14
2010	542.87	608.41	556.20	635.27

表1-18 续表 Continued 单位:万人(Unit:10000 persons)

年 份 Year	农村社会养老保险 Rural Social Pension Insurance	小城镇社会保险 Town Social Insurance	农村合作医疗 Rural Cooperative Medical System	少儿住院基金 Mutual Fund of Children Hospitalization
2000	121.00			212.47
2001	159.00			194.84
2002	161.00			195.17
2003	165.00		292.64	186.80
2004	438.16	146.70	166.55	209.40
2005	101.34	110.16	203.74	181.09
2006	83.71	139.80	190.56	180.13
2007	74.16	138.61	186.81	181.29
2008	76.89	148.02	177.40	185.61
2009	72.31	155.39	166.55	188.38
2010	69.06	154.58	148.95	197.19

城市居民生活质量主要指标

表1－19

指　标	Indicators	单　位 Unit	1978
经济发展	**Economic Development**		
人均生产总值	Per Capita Gross Domestic Product	元 yuan	2 485
城市居民家庭人均可支配收入	Per Capita Annual Disposable Income	元 yuan	406
医疗卫生	Medical and Health Care		
户籍人口期望寿命	Life Expectancy	岁 year	73.35
男	Male	岁 year	70.69
女	Female	岁 year	74.78
婴儿死亡率	Death Rate of Infant	‰	15.49
每万人口拥有医生	Number of Doctors per 10000 Population (person)	人 person	30
每万人口拥有医院床位数	Number of Hospital Beds per 10000 Population (person)	张 bed	42
人均医疗保健支出	Per Capita Expenditures on Medical and Health Care	元 yuan	4
社会保障	**Social Security**		
城镇登记失业率	Urban Registered Unemployment Rate	%	2.3
每一就业者负担人数	Number of Dependents per Employee	人 person	1.68
每万人刑事案件立案数	Number of Registered Criminal Cases per 10000 Population (person)	起 case	
公共服务	**Public Services**		
地方财政收入占 GDP 比重	Proportion of Local Fiscal Revenue in GDP	%	62.0
第三产业占 GDP 比重	Proportion of Tertiary Industry in GDP	%	18.6
公共交通客运量	Volume of Public Passenger Transport	亿人次 100 million person-time	25.05
人均生活用电量	Per Capita Domestic Consumption of Electricity	千瓦时 kwh	
文化休闲	**Culture and Leisure**		
人均文化娱乐消费支出	Per Capita Consumption Expenditures on Culture and Recreation	元 yuan	
体育场馆数	Number of Stadiums	个 unit	21
影剧院数	Number of Cinemas and Theaters	个 unit	109
博物馆数	Number of Museums	个 unit	6
图书馆藏书	Amount of Collected Books in Libraries	万册 10000 titles	1 064
每百户城市居民家庭拥有彩色电视机	Possession of Color TV Sets per 100 Urban Households	台 set	
每百户城市居民家庭拥有家用电脑	Possession of Personal Computers per 100 Urban Households	台 set	
人居环境	**Living Environment**		
市区人均居住面积	Per Capita Living Space	平方米 sqm	4.5
空气质量优良率	Rate of Air Quality	%	
人均公共绿地面积	Per Capita Public Green Area	平方米 sqm	0.47
教　育	**Education**		
人均教育支出	Per Capita Expenditures on Education	元 yuan	
普通高校录取率	Enrollment Rate of Regular Higher Education Institutions	%	
每万人在校大学生数	Number of Enrolled College Students per 10000 Population (person)	人 person	46

Main Indicators of Urban Residents' Living Quality

1980	1985	1990	1995	2000	2005	2010
2 725	3 811	5 911	17 779	30 047	49 649	76 074
637	1 075	2 183	7 172	11 718	18 645	31 838
73.33	74.27	75.46	76.03	78.77	80.13	82.13
71.25	72.14	73.16	74.11	76.71	77.89	79.82
75.36	76.37	77.74	77.97	80.81	82.36	84.44
13.78	13.78	10.95	10.08	5.05	3.78	5.97
34	39	44	38	31	23	22
43	43	47	47	45	47	37
7	5	11	113	501	797	1006
3.2	0.2	1.5	2.7	3.5	4.4	4.2
1.68	1.64	1.64	1.88	1.85	1.94	1.81
25.7	7.7	23.4	17.2	65.2	67.6	52.0
56.0	39.5	21.4	9.1	10.4	15.5	16.7
21.1	26.0	30.9	40.8	52.1	51.6	57.3
34.09	50.10	54.37	51.35	26.49	27.81	28.08
			275.5	421.3	573.5	814.9
4	5	10	84	147	490	1 139
19	48	47	25	47	90	90
119	156	211	249	242	193	136
7	8	10	12	11	100	114
1 138	1 430	1 586	1 586	5 500	6 049	6 809
	22	77	109	147	177	188
			2	26	81	129
4.4	5.4	6.6	8	11.8	15.5	17.5
				80.8	88.2	92.1
0.44	0.71	1.02	1.69	4.6	11.01	13.0
4	7	23	177	585	1 136	1 168
				67.4	84.6	85.1
67	88	90	101	141	234	224

Chapter 2
第二篇

收入
Income

城市居民家庭人均可支配收入及来源(1980～2010)
Per Capita Disposable Income and Sources of Urban Households

表2－1 单位:元(Unit: yuan)

年 份 Year	人均可支配收入 Average Per Capita Disposable Income	工薪收入 Salaries	经营净收入 Net Income from Household Business	财产性收入 Property Income	转移性收入 Transferred Income
1980	637	551			86
1981	637	567			70
1982	659	584	…		75
1983	686	607	…		79
1984	834	754	…		80
1985	1 075	794	1		280
1986	1 293	954	1		338
1987	1 437	1 049	2		386
1988	1 723	1 262	2	12	447
1989	1 976	1 447	2	18	509
1990	2 183	1 548	1	21	613
1991	2 486	1 780		29	677
1992	3 009	2 138	3	44	824
1993	4 277	3 099	4	37	1 137
1994	5 868	4 224	28	54	1 562
1995	7 172	5 002	69	92	2 009
1996	8 159	5 889	87	61	2 122
1997	8 439	5 969	150	69	2 251
1998	8 773	6 004	98	57	2 614
1999	10 932	7 326	156	68	3 382
2000	11 718	7 832	120	65	3 701
2001	12 883	7 975	119	39	4 750
2002	13 250	7 915	436	94	4 805
2003	14 867	10 097	377	130	4 263
2004	16 683	11 422	507	215	4 539
2005	18 645	12 409	798	292	5 146
2006	20 668	13 962	959	300	5 447
2007	23 623	16 598	1 158	369	5 498
2008	26 675	18 909	1 399	369	5 998
2009	28 838	19 811	1 435	474	7 118
2010	31 838	21 745	1 628	511	7 954

城市居民家庭人均可支配收入构成(1980～2010)
Composition of Per Capita Disposable Income of Urban Households

表2－2 单位:%

年 份 Year	人均可支配收入 Average Per Capita Disposable Income	工薪收入 Salaries	经营净收入 Net Income from Household Business	财产性收入 Property Income	转移性收入 Transferred Income
1980	100.0	86.5			13.5
1981	100.0	89.0			11.0
1982	100.0	88.6	…		11.4
1983	100.0	88.5	…		11.5
1984	100.0	90.4	…		9.6
1985	100.0	73.9	0.1		26.0
1986	100.0	73.8	0.1		26.1
1987	100.0	73.0	0.1		26.9
1988	100.0	73.3	0.1	0.7	25.9
1989	100.0	73.2	0.1	0.9	25.8
1990	100.0	70.9	…	1.0	28.1
1991	100.0	71.6		1.2	27.2
1992	100.0	71.0	0.1	1.5	27.4
1993	100.0	72.4	0.1	0.9	26.6
1994	100.0	72.0	0.5	0.9	26.6
1995	100.0	69.7	1.0	1.3	28.0
1996	100.0	72.2	1.1	0.7	26.0
1997	100.0	70.7	1.8	0.8	26.7
1998	100.0	68.4	1.1	0.7	29.8
1999	100.0	67.0	1.4	0.6	31.0
2000		66.8	1.0	0.6	31.6
2001	100.0	61.9	0.9	0.3	36.9
2002	100.0	59.7	3.3	0.7	36.3
2003	100.0	67.9	2.5	0.9	28.7
2004	100.0	68.5	3.0	1.3	27.2
2005	100.0	66.5	4.3	1.6	27.6
2006	100.0	67.6	4.6	1.4	26.4
2007	100.0	70.2	4.9	1.6	23.3
2008	100.0	70.9	5.2	1.4	22.5
2009	100.0	68.7	5.0	1.6	24.7
2010	100.0	68.3	5.1	1.6	25.0

按收入水平分组城市居民家庭人均可支配收入(1985～2010)
Per Capita Disposable Income of Urban Households by 5 Income Levels

表2－3 单位:元(Unit: yuan)

年 份 Year	总平均 Total Average	低收入户 Low Income	较低收入户 Medium－low Income	中等收入户 Medium Income	较高收入户 Medium-high Income	高收入户 High Income
1985	1 075	744	918	1 043	1 216	1 506
1986	1 293	923	1 106	1 256	1 445	1 796
1987	1 437	1 007	1 231	1 380	1 610	2 086
1988	1 723	1 190	1 451	1 678	1 953	2 519
1989	1 976	1 351	1 664	1 919	2 230	2 872
1990	2 183	1 518	1 836	2 104	2 470	3 128
1991	2 486	1 683	2 092	2 434	2 754	3 713
1992	3 009	1 975	2 503	2 936	3 441	4 452
1993	4 277	2 612	3 380	4 017	4 821	6 707
1994	5 868	3 339	4 559	5 405	6 456	9 899
1995	7 172	4 057	5 412	6 600	8 005	11 906
1996	8 159	4 557	6 092	7 528	9 257	13 339
1997	8 439	4 682	6 475	7 939	9 659	13 730
1998	8 773	4 854	6 740	8 132	9 997	14 255
1999	10 932	6 246	7 949	9 534	11 893	19 624
2000	11 718	6 840	8 815	10 529	12 892	19 959
2001	12 883	6 873	9 170	11 155	13 812	23 488
2002	13 250	7 108	9 917	12 162	14 794	23 195
2003	14 867	6 546	9 816	12 602	16 363	30 282
2004	16 683	7 065	10 664	14 149	19 371	34 404
2005	18 645	7 851	11 800	15 668	21 313	37 722
2006	20 668	8 973	13 045	16 774	22 994	42 884
2007	23 623	10 297	15 131	20 249	27 286	47 149
2008	26 675	11 593	17 550	22 675	30 239	53 733
2009	28 838	13 205	19 320	24 717	32 212	57 726
2010	31 838	14 996	21 780	27 484	35 120	62 465

注：收入水平根据居民家庭人均可支配收入由低到高排序，按照调查总户数各20%分为5组。
Note: The income levels are listed from low to high according to the Per Capita Disposable Income of Urban Households and they are divided into five levels, each involving 20% of the total number of households surveyed.

低收入户城市居民家庭生活基本情况(1985~2010)
Basic Conditions of Urban Low Income Households

表2-4

年　份 Year	平均每户就业人口(人) Average Number of Employed Persons Per Household (person)	平均每一就业者负担人数(人) Number of Dependents Per Employee (person)	人均社会保障支出(元) Per Capita Social Security Expenditure (yuan)	恩格尔系数(%) Engel Coefficient (%)	平均消费倾向(%) Average Propensity to Consume (%)
1985	1.83	2.09		57.7	97.3
1986	1.70	2.18		59.6	93.5
1987	1.75	2.19		60.0	94.2
1988	1.66	2.14		61.9	96.6
1989	1.48	2.28		65.2	96.2
1990	1.62	2.12		62.9	94.4
1991	1.44	2.25		65.3	90.6
1992	1.47	2.20		65.0	90.4
1993	1.24	2.49		63.7	92.2
1994	1.23	2.59		65.9	92.7
1995	1.10	2.75		66.3	91.2
1996	1.03	2.82		62.0	95.5
1997	1.18	2.57		59.8	96.8
1998	1.29	2.45		57.7	94.4
1999	1.51	2.08		49.6	95.9
2000	1.44	2.13		50.5	91.7
2001	1.36	2.32		48.4	100.4
2002	1.45	2.16	437	45.2	102.2
2003	1.45	2.30	509	45.5	99.0
2004	1.30	2.52	558	46.8	94.6
2005	1.36	2.31	680	43.4	98.1
2006	1.37	2.26	746	44.6	89.2
2007	1.50	2.10	784	45.0	89.5
2008	1.39	2.23	911	45.2	90.2
2009	1.50	2.05	1 423	43.0	88.3
2010	1.49	2.07	1 614	44.4	83.7

低收入户城市居民家庭人均可支配收入及来源(1985~2010)
Per Capita Disposable Income and Sources of Urban Low Income Households

表2-5 单位:元(Unit: yuan)

年 份 Year	人均可支配收入 Average Per Capita Disposable Income	工薪收入 Salaries	经营净收入 Net Income from Household Business	财产性收入 Property Income	转移性收入 Transferred Income
1985	744	529	3		212
1986	923	628	4		291
1987	1 007	693			314
1988	1 190	800		2	388
1989	1 351	865	4	5	477
1990	1 518	1 000		6	512
1991	1 683	1 073		4	606
1992	1 975	1 300		7	668
1993	2 612	1 457		3	1 152
1994	3 339	1 772	25	5	1 537
1995	4 057	1 969	24	9	2 055
1996	4 557	2 265	77	10	2 205
1997	4 682	2 423	71	3	2 185
1998	4 854	2 821	48	4	1 981
1999	6 246	4 030	134	8	2 074
2000	6 840	4 270	119	7	2 444
2001	6 873	4 013	67	6	2 787
2002	7 108	4 025	383	11	2 689
2003	6 546	3 994	289	63	2 200
2004	7 065	4 241	165	49	2 610
2005	7 851	4 864	210	55	2 722
2006	8 973	5 554	273	27	3 119
2007	10 297	6 863	301	38	3 095
2008	11 593	7 420	547	102	3 524
2009	13 205	9 036	571	73	3 525
2010	14 996	9 814	627	92	4 463

低收入户城市居民家庭人均可支配收入构成(1985～2010)
Composition of Per Capita Disposable Income of Urban Low Income Households

表2－6 单位:%

年 份 Year	人均可支配收入 Average Per Capita Disposable Income	工薪收入 Salaries	经营净收入 Net Income from Household Business	财产性收入 Property Income	转移性收入 Transferred Income
1985	100.0	71.1	0.4		28.5
1986	100.0	68.1	0.4		31.5
1987	100.0	68.8			31.2
1988	100.0	67.2		0.2	32.6
1989	100.0	64.0	0.3	0.4	35.3
1990	100.0	65.9		0.4	33.7
1991	100.0	63.8		0.2	36.0
1992	100.0	65.8		0.4	33.8
1993	100.0	55.8		0.1	44.1
1994	100.0	53.1	0.7	0.2	46.0
1995	100.0	48.5	0.6	0.2	50.7
1996	100.0	49.7	1.7	0.2	48.4
1997	100.0	51.7	1.5	0.1	46.7
1998	100.0	58.1	1.0	0.1	40.8
1999	100.0	64.5	2.2	0.1	33.2
2000	100.0	62.4	1.8	0.1	35.7
2001	100.0	58.4	1.0	0.1	40.5
2002	100.0	56.6	5.4	0.2	37.8
2003	100.0	61.0	4.4	1.0	33.6
2004	100.0	60.0	2.3	0.7	37.0
2005	100.0	61.9	2.7	0.7	34.7
2006	100.0	61.9	3.0	0.3	34.8
2007	100.0	66.6	2.9	0.4	30.1
2008	100.0	64.0	4.7	0.9	30.4
2009	100.0	68.4	4.3	0.6	26.7
2010	100.0	65.4	4.2	0.6	29.8

较低收入户城市居民家庭生活基本情况(1985～2010)
Basic Conditions of Urban Medium-low Income Households

表2－7

年 份 Year	平均每户就业人口(人) Average Number of Employed Persons Per Household (person)	平均每一就业者负担人数(人) Number of Dependents Per Employee (person)	人均社会保障支出(元) Per Capita Social Security Expenditure (yuan)	恩格尔系数(%) Engel Coefficient (%)	平均消费倾向(%) Average Propensity to Consume (%)
1985	2.11	1.88		54.6	94.8
1986	2.10	1.88		53.8	93.9
1987	1.99	1.86		56.4	90.5
1988	1.96	1.85		56.0	96.8
1989	1.84	1.89		59.0	97.7
1990	1.75	1.90		61.2	92.7
1991	1.84	1.92		61.6	89.2
1992	1.84	1.83		58.3	87.3
1993	1.70	1.81		58.7	87.8
1994	1.71	1.88		61.7	81.8
1995	1.46	2.16		60.2	86.8
1996	1.35	2.29		53.8	93.3
1997	1.42	2.23		57.1	86.9
1998	1.37	2.21		54.4	86.4
1999	1.49	2.05		49.1	88.2
2000	1.46	2.14		49.4	85.3
2001	1.31	2.18		47.9	83.4
2002	1.30	2.22	788	42.5	92.5
2003	1.33	2.15	850	40.1	91.0
2004	1.40	2.15	934	45.0	82.7
2005	1.47	2.10	952	41.8	83.1
2006	1.59	1.95	1 050	42.2	86.1
2007	1.49	1.99	1 176	43.0	85.6
2008	1.50	2.00	1 363	44.9	77.6
2009	1.41	2.12	1 553	41.3	83.6
2010	1.46	2.02	1 958	42.7	73.3

较低收入户城市居民家庭人均可支配收入及来源(1985～2010)

Per Capita Disposable Income and Sources of Urban Medium-low Income Households

表2－8　　单位:元(Unit: Yuan)

年　份 Year	人均可支配收入 Average Per Capita Disposable Income	工薪收入 Salaries	经营净收入 Net Income from Household Business	财产性收入 Property Income	转移性收入 Transferred Income
1985	918	678			240
1986	1 106	793	1		312
1987	1 231	866			365
1988	1 451	1 036		9	406
1989	1 664	1 206		18	440
1990	1 836	1 235	1	13	587
1991	2 092	1 488		13	591
1992	2 503	1 795		12	696
1993	3 380	2 391	20	18	951
1994	4 559	3 088	68	11	1 392
1995	5 412	3 324	63	8	2 017
1996	6 092	3 601	25	10	2 456
1997	6 475	4 127		2	2 346
1998	6 740	4 129	44	11	2 556
1999	7 949	5 096	47	18	2 788
2000	8 815	5 429	66	26	3 294
2001	9 170	5 348	116	28	3 678
2002	9 917	5 649	46	17	4 205
2003	9 816	5 832	464	139	3 381
2004	10 664	6 546	112	71	3 935
2005	11 800	7 028	246	91	4 435
2006	13 045	8 197	432	86	4 330
2007	15 131	9 155	779	124	5 073
2008	17 550	10 829	756	186	5 779
2009	19 320	10 598	1 101	236	7 385
2010	21 780	12 760	744	228	8 048

较低收入户城市居民家庭人均可支配收入构成(1985～2010)
Composition of Per Capita Disposable Income of Urban Medium-low Income Households

表2－9 单位:%

年 份 Year	人均可支配收入 Average Per Capita Disposable Income	工薪收入 Salaries	经营净收入 Net Income from Household Business	财产性收入 Property Income	转移性收入 Transferred Income
1985	100.0	73.9			26.1
1986	100.0	71.7	0.1		28.2
1987	100.0	70.3			29.7
1988	100.0	71.4		0.6	28.0
1989	100.0	72.5		1.1	26.4
1990	100.0	67.3	…	0.7	32.0
1991	100.0	71.1		0.6	28.3
1992	100.0	71.7		0.5	27.8
1993	100.0	70.8	0.6	0.5	28.1
1994	100.0	67.7	1.5	0.3	30.5
1995	100.0	61.4	1.2	0.1	37.3
1996	100.0	59.1	0.4	0.2	40.3
1997	100.0	63.8		…	36.2
1998	100.0	61.3	0.6	0.2	37.9
1999	100.0	64.1	0.6	0.2	35.1
2000	100.0	61.6	0.7	0.3	37.4
2001	100.0	58.3	1.3	0.3	40.1
2002	100.0	56.9	0.5	0.2	42.4
2003	100.0	59.4	4.7	1.4	34.5
2004	100.0	61.4	1.0	0.7	36.9
2005	100.0	59.5	2.1	0.8	37.6
2006	100.0	62.8	3.3	0.7	33.2
2007	100.0	60.5	5.2	0.8	33.5
2008	100.0	61.7	4.3	1.1	32.9
2009	100.0	54.9	5.7	1.2	38.2
2010	100.0	58.6	3.4	1.0	37.0

中等收入户城市居民家庭生活基本情况(1985～2010)
Basic Conditions of Urban Medium Income Households

表2－10

年　份 Year	平均每户就业人口(人) Average Number of Employed Persons Per Household (person)	平均每一就业者负担人数(人) Number of Dependents Per Employee (person)	人均社会保障支出(元) Per Capita Social Security Expenditure (yuan)	恩格尔系数(%) Engel Coefficient (%)	平均消费倾向(%) Average Propensity to Consume (%)
1985	2.19	1.70		53.6	93.3
1986	2.36	1.56		54.3	89.3
1987	2.34	1.56		55.6	87.2
1988	2.26	1.59		52.2	94.6
1989	2.17	1.58		55.3	90.8
1990	2.08	1.63		56.3	90.6
1991	2.03	1.60		54.8	94.3
1992	1.92	1.67		57.9	85.5
1993	1.79	1.74		55.6	85.0
1994	1.61	1.82		54.3	87.3
1995	1.76	1.77		56.1	83.3
1996	1.72	1.85		52.0	87.0
1997	1.56	1.99		52.9	83.9
1998	1.57	1.96		51.7	85.1
1999	1.87	1.74		47.3	80.0
2000	1.69	1.81		45.3	81.3
2001	1.43	2.06		47.3	76.0
2002	1.52	1.92	1 041	43.2	78.7
2003	1.57	1.94	1 074	40.6	79.8
2004	1.55	1.97	1 256	40.0	82.3
2005	1.53	1.95	1 328	41.7	73.6
2006	1.49	1.98	1 457	38.5	78.3
2007	1.67	1.81	1 679	39.4	76.4
2008	1.66	1.81	1 928	39.5	75.9
2009	1.64	1.79	2 400	37.7	74.8
2010	1.63	1.78	2 756	35.1	78.6

中等收入户城市居民家庭人均可支配收入及来源(1985～2010)
Per Capita Disposable Income and Sources of Urban Medium Income Households

表2－11 单位:元(Unit: Yuan)

年 份 Year	人均可支配收入 Average Per Capita Disposable Income	工薪收入 Salaries	经营净收入 Net Income from Household Business	财产性收入 Property Income	转移性收入 Transferred Income
1985	1 043	745	1		297
1986	1 256	967	1		288
1987	1 380	1 051	2		327
1988	1 678	1 275	3	13	387
1989	1 919	1 489		12	418
1990	2 104	1 589		17	498
1991	2 434	1 779		24	631
1992	2 936	2 132	13	29	762
1993	4 017	2 837		20	1 160
1994	5 405	4 120		14	1 271
1995	6 600	4 915	34	20	1 631
1996	7 528	5 436	87	36	1 969
1997	7 939	5 443	58	9	2 429
1998	8 132	5 334	119	8	2 671
1999	9 534	6 403	218	46	2 867
2000	10 529	6 938	59	43	3 489
2001	11 155	7 150	119	19	3 867
2002	12 162	7 167	477	3	4 515
2003	12 602	7 790	248	78	4 486
2004	14 149	8 777	450	193	4 729
2005	15 668	9 223	716	347	5 382
2006	16 774	10 213	564	201	5 796
2007	20 249	13 239	940	249	5 821
2008	22 675	14 684	1 353	300	6 338
2009	24 717	16 071	1 048	418	7 180
2010	27 484	17 811	1 559	210	7 904

中等收入户城市居民家庭人均可支配收入构成（1985～2010）
Composition of Per Capita Disposable Income of Urban Medium Income Households

表2－12 单位:%

年 份 Year	人均可支配收入 Average Per Capita Disposable Income	工薪收入 Salaries	经营净收入 Net Income from Household Business	财产性收入 Property Income	转移性收入 Transferred Income
1985	100.0	71.4	0.1		28.5
1986	100.0	77.0	0.1		22.9
1987	100.0	76.2	0.1		23.7
1988	100.0	76.0	0.2	0.8	23.0
1989	100.0	77.6		0.6	21.8
1990	100.0	75.5		0.8	23.7
1991	100.0	73.1		1.0	25.9
1992	100.0	72.6	0.4	1.0	26.0
1993	100.0	70.6		0.5	28.9
1994	100.0	76.2		0.3	23.5
1995	100.0	74.5	0.5	0.3	24.7
1996	100.0	72.2	1.2	0.5	26.1
1997	100.0	68.6	0.7	0.1	30.6
1998	100.0	65.6	1.5	0.1	32.8
1999	100.0	67.1	2.3	0.5	30.1
2000	100.0	65.9	0.6	0.4	33.1
2001	100.0	64.1	1.1	0.2	34.6
2002	100.0	59.0	3.9	…	37.1
2003	100.0	61.8	2.0	0.6	35.6
2004	100.0	62.0	3.2	1.4	33.4
2005	100.0	58.9	4.6	2.2	34.3
2006	100.0	60.9	3.4	1.2	34.5
2007	100.0	65.4	4.6	1.2	28.8
2008	100.0	64.8	6.0	1.3	27.9
2009	100.0	65.0	4.2	1.7	29.1
2010	100.0	64.8	5.7	0.8	28.7

较高收入户城市居民家庭生活基本情况（1985～2010）
Basic Conditions of Urban Medium-high Income Households

表2－13

年 份 Year	平均每户就业人口（人） Average Number of Employed Persons Per Household (person)	平均每一就业者负担人数(人) Number of Dependents Per Employee (person)	人均社会保障支出（元） Per Capita Social Security Expenditure (yuan)	恩格尔系数（%） Engel Coefficient (%)	平均消费倾向（%） Average Propensity to Consume (%)
1985	2.51	1.45		48.5	92.4
1986	2.68	1.35		51.3	89.1
1987	2.49	1.40		51.8	90.6
1988	2.20	1.44		50.6	98.9
1989	2.18	1.47		52.0	93.2
1990	2.10	1.49		55.7	85.6
1991	2.11	1.53		54.5	85.3
1992	1.94	1.54		51.0	84.7
1993	1.91	1.55		52.1	80.8
1994	1.89	1.65		51.8	80.2
1995	1.97	1.65		51.1	82.5
1996	1.80	1.77		49.7	79.8
1997	1.85	1.72		52.6	76.6
1998	1.71	1.81		51.5	73.8
1999	1.80	1.69		45.0	75.4
2000	1.73	1.76		44.1	73.3
2001	1.73	1.77		42.7	72.5
2002	1.64	1.74	1 398	36.7	82.1
2003	1.58	1.87	1 410	36.2	76.8
2004	1.58	1.90	1 899	34.6	71.0
2005	1.62	1.83	1 905	35.2	70.5
2006	1.70	1.78	1 814	36.1	68.8
2007	1.72	1.75	2 204	34.5	69.6
2008	1.66	1.75	2 725	37.0	72.3
2009	1.64	1.73	3 175	33.9	75.3
2010	1.59	1.77	3 183	32.1	76.2

较高收入户城市居民家庭人均可支配收入及来源(1985～2010)
Per Capita Disposable Income and Sources of Urban Medium-high Income Households

表2－14 单位:元(Unit:yuan)

年 份 Year	人均可支配收入 Average Per Capita Disposable Income	工薪收入 Salaries	经营净收入 Net Income from Household Business	财产性收入 Property Income	转移性收入 Transferred Income
1985	1 216	943			273
1986	1 445	1 128			317
1987	1 610	1 237	6		367
1988	1 953	1 443	6	19	485
1989	2 230	1 653	2	9	566
1990	2 470	1 768	5	27	670
1991	2 754	2 055		41	658
1992	3 441	2 465		66	910
1993	4 821	3 660		50	1 111
1994	6 456	4 791	40	45	1 580
1995	8 005	5 973	186	54	1 792
1996	9 257	6 870	236	82	2 069
1997	9 659	7 214	281	40	2 124
1998	9 997	6 757	142	79	3 019
1999	11 893	8 586	84	66	3 157
2000	12 892	9 065	93	53	3 681
2001	13 812	9 335		37	4 440
2002	14 794	9 153	708	167	4 766
2003	16 363	10 422	324	145	5 472
2004	19 371	13 129	227	240	5 775
2005	21 313	14 287	470	257	6 299
2006	22 994	14 908	738	439	6 909
2007	27 286	18 486	1 600	408	6 792
2008	30 239	21 047	723	341	8 128
2009	32 212	21 792	692	482	9 246
2010	35 120	22 989	860	609	10 662

较高收入户城市居民家庭人均可支配收入构成(1985～2010)
Composition of Per Capita Disposable Income of Urban Medium-high Income Households

表2－15　　单位:%

年　份 Year	人均可支配收入 Average Per Capita Disposable Income	工薪收入 Salaries	经营净收入 Net Income from Household Business	财产性收入 Property Income	转移性收入 Transferred Income
1985	100.0	77.5			22.5
1986	100.0	78.1			21.9
1987	100.0	76.8	0.4		22.8
1988	100.0	73.9	0.3	1.0	24.8
1989	100.0	74.1	0.1	0.4	25.4
1990	100.0	71.6	0.2	1.1	27.1
1991	100.0	74.6		1.5	23.9
1992	100.0	71.6		1.9	26.5
1993	100.0	75.9		1.0	23.1
1994	100.0	74.2	0.6	0.7	24.5
1995	100.0	74.6	2.3	0.7	22.4
1996	100.0	74.2	2.5	0.9	22.4
1997	100.0	74.7	2.9	0.4	22.0
1998	100.0	67.6	1.4	0.8	30.2
1999	100.0	72.2	0.7	0.6	26.5
2000	100.0	70.3	0.7	0.4	28.6
2001	100.0	67.6		0.3	32.1
2002	100.0	61.9	4.8	1.1	32.2
2003	100.0	63.7	2.0	0.9	33.4
2004	100.0	67.8	1.2	1.2	29.8
2005	100.0	67.0	2.2	1.2	29.6
2006	100.0	64.8	3.2	1.9	30.1
2007	100.0	67.7	5.9	1.5	24.9
2008	100.0	69.6	2.4	1.1	26.9
2009	100.0	67.7	2.1	1.5	28.7
2010	100.0	65.5	2.4	1.7	30.4

高收入户城市居民家庭生活基本情况（1985～2010）
Basic Conditions of Urban High Income Households

表 2－16

年 份 Year	平均每户就业人口（人） Average Number of Employed Persons Per Household (person)	平均每一就业者负担人数（人） Number of Dependents Per Employee (person)	人均社会保障支出（元） Per Capita Social Security Expenditure (yuan)	恩格尔系数（%） Engel Coefficient (%)	平均消费倾向（%） Average Propensity to Consume (%)
1985	2.72	1.28		48.8	86.9
1986	2.63	1.28		47.8	88.5
1987	2.44	1.27		51.0	85.8
1988	2.31	1.27		46.9	92.4
1989	2.34	1.22		51.3	84.5
1990	2.35	1.26		50.0	84.1
1991	2.12	1.26		52.3	79.9
1992	2.05	1.35		51.2	74.5
1993	2.20	1.33		43.1	75.5
1994	2.04	1.44		43.2	68.9
1995	1.98	1.50		44.1	74.8
1996	1.98	1.49		43.8	73.5
1997	1.92	1.51		43.1	73.4
1998	1.98	1.54		43.5	68.0
1999	1.99	1.47		39.2	60.7
2000	1.88	1.55		38.1	63.9
2001	1.91	1.57		36.6	58.2
2002	1.69	1.62	1 404	33.8	63.1
2003	1.86	1.52	2 769	30.8	57.5
2004	1.82	1.57	3 171	28.6	68.7
2005	1.79	1.61	3 275	28.7	67.5
2006	1.87	1.56	3 920	27.7	61.4
2007	1.83	1.58	4 203	27.6	65.4
2008	1.92	1.47	4 772	28.6	65.6
2009	1.83	1.51	5 543	28.2	62.5
2010	1.82	1.51	5 799	26.0	65.2

高收入户城市居民家庭人均可支配收入及来源(1985～2010)

Per Capita Disposable Income and Sources of Urban High Income Households

表2－17 单位:元（Unit: yuan）

年 份 Year	人均可支配收入 Average Per Capita Disposable Income	工薪收入 Salaries	经营净收入 Net Income from Household Business	财产性收入 Property Income	转移性收入 Transferred Income
1985	1 506	1 117			389
1986	1 796	1 298			498
1987	2 086	1 492	4		590
1988	2 519	1 895		22	602
1989	2 872	2 144	3	52	673
1990	3 128	2 252		48	828
1991	3 713	2 686		73	954
1992	4 452	3 188		121	1 143
1993	6 707	5 291		98	1 318
1994	9 899	7 643		206	2 050
1995	11 906	8 904	30	387	2 585
1996	13 339	11 256		169	1 914
1997	13 730	10 907	352	308	2 163
1998	14 255	11 074	141	182	2 858
1999	19 624	12 905	298	213	6 208
2000	19 959	13 786	274	201	5 698
2001	23 488	14 066	300	103	9 019
2002	23 195	14 171	577	293	8 154
2003	30 282	23 754	594	259	5 675
2004	34 404	26 216	1 697	560	5 931
2005	37 722	27 487	2 425	738	7 072
2006	42 884	31 974	2 893	777	7 240
2007	47 149	36 907	2 272	1 083	6 887
2008	53 733	42 607	3 790	966	6 370
2009	57 726	43 963	3 965	1 233	8 565
2010	62 465	47 454	4 544	1 494	8 973

高收入户城市居民家庭人均可支配收入构成(1985～2010)
Composition of Per Capita Disposable Income of Urban High Income Households

表2－18 单位:%

年 份 Year	人均可支配收入 Average Per Capita Disposable Income	工薪收入 Salaries	经营净收入 Net Income from Household Business	财产性收入 Property Income	转移性收入 Transferred Income
1985	100.0	74.2			25.8
1986	100.0	72.3			27.7
1987	100.0	71.5	0.2		28.3
1988	100.0	75.2		0.9	23.9
1989	100.0	74.7	0.1	1.8	23.4
1990	100.0	72.0		1.5	26.5
1991	100.0	72.3		2.0	25.7
1992	100.0	71.6		2.7	25.7
1993	100.0	78.9		1.5	19.6
1994	100.0	77.2		2.1	20.7
1995	100.0	74.8	0.3	3.2	21.7
1996	100.0	84.4	0.0	1.3	14.3
1997	100.0	79.4	2.6	2.2	15.8
1998	100.0	77.7	1.0	1.3	20.0
1999	100.0	65.8	1.5	1.1	31.6
2000	100.0	69.1	1.4	1.0	28.5
2001	100.0	59.9	1.3	0.4	38.4
2002	100.0	61.1	2.5	1.3	35.1
2003	100.0	78.4	2.0	0.9	18.7
2004	100.0	76.2	4.9	1.6	17.3
2005	100.0	72.9	6.4	2.0	18.7
2006	100.0	74.6	6.7	1.8	16.9
2007	100.0	78.3	4.8	2.3	14.6
2008	100.0	79.3	7.0	1.8	11.9
2009	100.0	76.2	6.9	2.1	14.8
2010	100.0	76.0	7.3	2.4	14.3

农村居民家庭人均可支配收入及来源（1978～2010）
Per Capita Disposable Income and Sources of Rural Households

表 2－19 单位:元（Unit: yuan）

年 份 Year	人均可支配收入 Average Per Capita Disposable Income	工资性收入 Salaries	家庭经营纯收入 Net Income from Household Business	财产性收入 Property Income	转移性收入 Transferred Income
1978	281	227	18	2	34
1979	360	278	34		48
1980	401	297	55	2	47
1981	444	313	71	8	52
1982	536	405	78	6	47
1983	562	359	155	6	42
1984	785	451	275	9	50
1985	806	430	323	15	38
1986	936	536	344	22	34
1987	1 059	655	338	32	34
1988	1 301	829	412	17	43
1989	1 520	1 000	461	16	43
1990	1 665	1 066	539	16	44
1991	2 003	1 235	681	33	54
1992	2 226	1 454	685	30	57
1993	2 727	1 662	949	50	66
1994	3 437	2 112	1 084	104	137
1995	4 246	2 734	1 183	155	174
1996	4 846	3 240	1 278	181	147
1997	5 277	3 736	1 226	144	171
1998	5 407	3 869	1 185	221	132
1999	5 481	4 192	929	127	233
2000	5 565	4 310	934	143	178
2001	5 850	4 491	967	157	235
2002	6 212	4 920	774	205	313
2003	6 658	5 284	813	222	339
2004	7 337	5 757	886	297	397
2005	8 342	6 364	811	430	737
2006	9 213	6 892	766	556	999
2007	10 222	7 498	754	673	1 297
2008	11 385	8 182	711	837	1 655
2009	12 324	8 721	590	932	2 081
2010	13 746	9 606	589	970	2 581

注：2000 年前农村居民平均每人可支配收入按纯收入口径计算。
Note: Before 2000, the Per Capita Disposable Income of Rural Residents is calculated according to their net income.

农村居民家庭人均可支配收入构成（1978～2010）

Composition of Per Capita Disposable Income of Rural Households

表2－20

单位:%

年 份 Year	人均可支配收入 Average Per Capita Disposable Income	工资性收入 Salaries	家庭经营纯收入 Net Income from Household Business	财产性收入 Property Income	转移性收入 Transferred Income
1978	100.0	80.8	6.4	0.7	12.1
1979	100.0	77.2	9.4		13.4
1980	100.0	74.1	13.7	0.5	11.7
1981	100.0	70.5	16.0	1.8	11.7
1982	100.0	75.6	14.6	1.1	8.7
1983	100.0	63.9	27.6	1.1	7.4
1984	100.0	57.5	35.0	1.1	6.4
1985	100.0	53.3	40.1	1.9	4.7
1986	100.0	57.3	36.8	2.3	3.6
1987	100.0	61.9	31.9	3.0	3.2
1988	100.0	63.7	31.7	1.3	3.3
1989	100.0	65.8	30.3	1.1	2.8
1990	100.0	64.0	32.4	1.0	2.6
1991	100.0	61.7	34.0	1.6	2.7
1992	100.0	65.3	30.8	1.3	2.6
1993	100.0	60.9	34.8	1.8	2.5
1994	100.0	61.5	31.5	3.0	4.0
1995	100.0	64.4	27.9	3.6	4.1
1996	100.0	66.9	26.4	3.7	3.0
1997	100.0	70.8	23.2	2.7	3.3
1998	100.0	71.6	21.9	4.1	2.4
1999	100.0	76.5	16.9	2.3	4.3
2000	100.0	77.4	16.8	2.6	3.2
2001	100.0	76.8	16.5	2.7	4.0
2002	100.0	79.2	12.5	3.3	5.0
2003	100.0	79.4	12.2	3.3	5.1
2004	100.0	78.5	12.1	4.0	5.4
2005	100.0	76.3	9.7	5.2	8.8
2006	100.0	74.8	8.4	6.0	10.8
2007	100.0	73.3	7.4	6.6	12.7
2008	100.0	71.9	6.2	7.4	14.5
2009	100.0	70.8	4.8	7.5	16.9
2010	100.0	69.9	4.3	7.0	18.8

按收入水平分组农村居民家庭人均可支配收入(1994～2010)
Per Capita Disposable Income of Rural Households by 5 Income Levels

表2－21 单位:元(Unit: yuan)

年 份 Year	总平均 Total Average	低收入户 Low Income	较低收入户 Medium-low Income	中等收入户 Medium Income	较高收入户 Medium-high Income	高收入户 High Income
1994	3 437	1 693	2 488	3 181	4 091	6 050
1995	4 246	1 951	3 071	3 899	5 044	7 593
1996	4 846	2 228	3 504	4 399	5 546	8 760
1997	5 277	2 361	3 727	4 854	6 222	9 461
1998	5 407	2 385	3 849	4 965	6 392	9 738
1999	5 481	2 212	3 692	4 883	6 528	10 266
2000	5 565	2 330	3 906	5 264	6 725	10 405
2001	5 850	2 351	4 078	5 649	7 122	10 930
2002	6 212	2 429	4 266	5 701	7 513	11 989
2003	6 658	2 761	4 621	6 213	7 972	12 777
2004	7 337	3 122	5 148	7 006	8 775	13 652
2005	8 342	3 347	5 594	7 612	9 755	15 309
2006	9 213	3 830	6 194	8 412	10 714	16 843
2007	10 222	4 321	7 098	9 442	11 807	18 443
2008	11 385	4 690	8 065	10 487	13 094	20 748
2009	12 324	5 279	8 785	11 184	14 039	22 465
2010	13 746	5 968	10 107	12 929	16 327	24 536

注：收入水平根据居民家庭人均可支配收入由低到高排序，按照调查总户数各20%分为5组。
Note: The income levels are listed from low to high according to the Per Capita Disposable Income of Rural Households and they are divided into five levels, each involving 20% of the total number of households surveyed.

低收入户农村居民家庭生活基本情况(1994～2010)
Basic Conditions of Rural Low Income Households

表 2－22

年　份 Year	平均每户劳动力人口(人) Average Number of Laborers Per Household (person)	平均每一劳动力负担人数(人) Number of Dependents Per Laborer (person)	恩格尔系数(%) Engel Coefficient (%)	平均消费倾向(%) Average Propensity to Consume (%)
1994	2.43	1.44	63.3	93.2
1995	2.35	1.49	58.3	92.9
1996	2.59	1.36	57.4	100.0
1997	2.46	1.40	50.9	108.3
1998	2.50	1.40	55.1	103.5
1999	2.54	1.34	55.2	102.8
2000	2.67	1.34	53.0	102.6
2001	2.66	1.29	48.7	124.2
2002	2.56	1.36	49.4	97.0
2003	2.68	1.29	51.8	104.5
2004	2.52	1.36	41.6	130.6
2005	1.83	1.66	45.5	138.0
2006	2.19	1.51	46.4	125.0
2007	2.16	1.49	43.3	113.2
2008	2.14	1.46	42.7	107.1
2009	2.15	1.49	46.0	103.7
2010	1.98	1.54	47.4	84.2

低收入户农村居民家庭人均可支配收入及来源(2001～2010)
Per Capita Disposable Income and Sources of Rural Low Income Households

表 2－23 单位:元(Unit:yuan)

年 份 Year	人均可支配收入 Average Per Capita Disposable Income	工资性收入 Salaries	家庭经营纯收入 Net Income from Household Business	财产性收入 Property Income	转移性收入 Transferred Income
2001	2 351	1 690	582	24	55
2002	2 429	1 596	622	44	167
2003	2 761	1 971	532	74	184
2004	3 122	2 205	643	100	174
2005	3 347	2 303	316	205	523
2006	3 830	2 682	512	148	488
2007	4 321	3 156	488	261	416
2008	4 690	3 370	451	169	700
2009	5 279	3 604	484	174	1 017
2010	5 968	4 179	371	239	1 179

低收入户农村居民家庭人均可支配收入构成(2001～2010)
Composition of Per Capita Disposable Income of Rural Low Income Households

表 2－24 单位:%

年 份 Year	人均可支配收入 Average Per Capita Disposable Income	工资性收入 Salaries	家庭经营纯收入 Net Income from Household Business	财产性收入 Property Income	转移性收入 Transferred Income
2001	100.0	71.9	24.8	1.0	2.3
2002	100.0	65.7	25.6	1.8	6.9
2003	100.0	71.4	19.3	2.7	6.7
2004	100.0	70.6	20.6	3.2	5.6
2005	100.0	68.8	9.4	6.1	15.6
2006	100.0	70.0	13.4	3.9	12.7
2007	100.0	73.0	11.3	6.0	9.6
2008	100.0	71.9	9.6	3.6	14.9
2009	100.0	68.3	9.2	3.3	19.3
2010	100.0	70.0	6.2	4.0	19.8

较低收入户农村居民家庭生活基本情况(1994~2010)
Basic Conditions of Rural Medium-low Income Households

表2-25

年　份 Year	平均每户劳动力人口(人) Average Number of Laborers Per Household (person)	平均每一劳动力负担人数(人) Number of Dependents Per Laborer (person)	恩格尔系数(%) Engel Coefficient (%)	平均消费倾向(%) Average Propensity to Consume (%)
1994	2.53	1.37	55.6	79.9
1995	2.55	1.39	48.5	87.3
1996	2.46	1.37	50.4	81.6
1997	2.54	1.34	45.2	89.4
1998	2.44	1.37	48.8	82.2
1999	2.56	1.37	50.5	79.6
2000	2.58	1.33	49.5	86.7
2001	2.58	1.38	48.3	79.7
2002	2.58	1.36	36.9	101.7
2003	2.60	1.38	42.7	79.6
2004	2.57	1.37	35.5	95.5
2005	2.15	1.60	41.8	101.7
2006	2.16	1.52	43.7	96.9
2007	2.21	1.51	41.0	85.6
2008	2.31	1.43	46.9	77.9
2009	2.03	1.58	45.5	71.3
2010	2.12	1.53	42.5	78.0

较低收入户农村居民家庭人均可支配收入及来源(2001～2010)
Per Capita Disposable Income and Sources of Rural Medium-low Income Households

表 2－26 单位:元(Unit:yuan)

年 份 Year	人均可支配收入 Average Per Capita Disposable Income	工资性收入 Salaries	家庭经营性收入 Net Income from Household Business	财产性收入 Property Income	转移性收入 Transferred Income
2001	4 078	3 078	682	62	256
2002	4 266	3 363	652	74	177
2003	4 621	3 615	668	120	218
2004	5 148	3 960	803	213	172
2005	5 594	4 373	425	266	530
2006	6 194	4 452	484	281	977
2007	7 098	5 286	562	371	879
2008	8 065	5 534	486	527	1 518
2009	8 785	6 281	370	480	1 654
2010	10 107	7 107	399	563	2 038

较低收入户农村居民家庭人均可支配收入构成(2001～2010)
Composition of Per Capita Disposable Income of Rural Medium-low Income Households

表 2－27 单位:%

年 份 Year	人均可支配收入 Average Per Capita Disposable Income	工资性收入 Salaries	家庭经营纯收入 Net Income from Household Business	财产性收入 Property Income	转移性收入 Transferred Income
2001	100.0	75.5	16.7	1.5	6.3
2002	100.0	78.8	15.3	1.7	4.1
2003	100.0	78.2	14.5	2.6	4.7
2004	100.0	76.9	15.6	4.1	3.3
2005	100.0	78.2	7.6	4.8	9.5
2006	100.0	71.9	7.8	4.5	15.8
2007	100.0	74.5	7.9	5.2	12.4
2008	100.0	68.6	6.0	6.5	18.8
2009	100.0	71.5	4.2	5.5	18.8
2010	100.0	70.3	3.9	5.6	20.2

中等收入户农村居民家庭生活基本情况(1994~2010)
Basic Conditions of Rural Medium-low Income Households

表2-28

年 份 Year	平均每户劳动力人口(人) Average Number of Laborers Per Household (person)	平均每一劳动力负担人数(人) Number of Dependents Per Laborer (person)	恩格尔系数(%) Engel Coefficient (%)	平均消费倾向(%) Average Propensity to Consume (%)
1994	2.64	1.37	46.6	82.8
1995	2.68	1.36	51.2	69.4
1996	2.50	1.34	51.6	72.3
1997	2.41	1.38	44.7	82.1
1998	2.53	1.29	47.8	67.4
1999	2.58	1.27	39.2	85.6
2000	2.54	1.30	47.0	73.8
2001	2.38	1.34	43.2	76.7
2002	2.51	1.33	38.8	84.9
2003	2.49	1.34	35.6	86.3
2004	2.58	1.33	38.3	75.8
2005	2.38	1.43	38.4	83.0
2006	2.28	1.46	40.8	82.6
2007	2.16	1.51	43.1	77.4
2008	2.25	1.46	39.9	91.1
2009	2.22	1.47	39.5	80.7
2010	2.35	1.48	43.1	67.6

中等收入户农村居民家庭人均可支配收入及来源（2001～2010）
Per Capita Disposable Income and Sources of Rural Medium Income Households

表 2－29

单位：元（Unit：yuan）

年 份 Year	人均可支配收入 Average Per Capita Disposable Income	工资性收入 Salaries	家庭经营性收入 Net Income from Household Business	财产性收入 Property Income	转移性收入 Transferred Income
2001	5 649	4 434	968	79	168
2002	5 701	4 756	603	133	209
2003	6 213	5 090	797	96	230
2004	7 006	5 399	1 035	231	341
2005	7 612	5 982	773	374	483
2006	8 412	6 298	819	452	843
2007	9 442	6 924	585	642	1 291
2008	10 487	8 192	323	549	1 423
2009	11 184	7 897	574	518	2 195
2010	12 929	9 268	293	860	2 508

中等收入户农村居民家庭人均可支配收入构成（2001～2010）
Composition of Per Capita Disposable Income of Rural Medium Income Households

表 2－30

单位：%

年 份 Year	人均可支配收入 Average Per Capita Disposable Income	工资性收入 Salaries	家庭经营性收入 Net Income from Household Business	财产性收入 Property Income	转移性收入 Transferred Income
2001	100.0	78.5	17.1	1.4	3.0
2002	100.0	83.4	10.6	2.3	3.7
2003	100.0	81.9	12.8	1.5	3.7
2004	100.0	77.1	14.8	3.3	4.9
2005	100.0	78.6	10.2	4.9	6.3
2006	100.0	74.9	9.7	5.4	10.0
2007	100.0	73.3	6.2	6.8	13.7
2008	100.0	78.1	3.1	5.2	13.6
2009	100.0	70.6	5.1	4.6	19.6
2010	100.0	71.7	2.3	6.7	19.4

较高收入户农村居民家庭生活基本情况(1994～2010)
Basic Conditions of Rural Medium-high Income Households

表2－31

年 份 Year	平均每户劳动力人口 (人) Average Number of Laborers Per Household (person)	平均每一劳动力负担人数(人) Number of Dependents Per Laborer (person)	恩格尔系数 (%) Engel Coefficient (%)	平均消费倾向 (%) Average Propensity to Consume (%)
1994	2.45	1.36	49.2	72.2
1995	2.58	1.34	49.4	67.6
1996	2.64	1.32	41.3	76.1
1997	2.39	1.39	39.2	78.2
1998	2.42	1.35	39.0	76.2
1999	2.52	1.30	44.9	65.5
2000	2.44	1.27	37.3	81.6
2001	2.44	1.36	40.0	75.2
2002	2.55	1.28	35.4	78.5
2003	2.56	1.26	36.5	78.9
2004	2.52	1.29	35.2	79.7
2005	2.33	1.36	39.0	72.4
2006	2.31	1.36	38.5	74.8
2007	2.18	1.43	40.6	80.8
2008	2.15	1.45	43.7	81.7
2009	1.93	1.61	32.2	91.5
2010	2.18	1.40	27.1	92.5

较高收入户农村居民家庭人均可支配收入及来源（2001～2010）
Per Capita Disposable Income and Sources of Rural Medium-high Income Households

表 2－32　单位：元（Unit：yuan）

年　份 Year	人均可支配收入 Average Per Capita Disposable Income	工资性收入 Salaries	家庭经营性收入 Net Income from Household Business	财产性收入 Property Income	转移性收入 Transferred Income
2001	7 122	5 575	1 087	177	283
2002	7 513	6 293	683	181	356
2003	7 972	6 704	757	207	304
2004	8 775	7 046	982	257	490
2005	9 755	7 373	1 149	539	694
2006	10 714	7 964	698	675	1 377
2007	11 807	8 806	779	545	1 677
2008	13 094	9 153	538	1 040	2 363
2009	14 039	9 395	735	1 125	2 784
2010	16 327	11 539	819	1 073	2 896

较高收入户农村居民家庭人均可支配收入构成（2001～2010）
Composition of Per Capita Disposable Income of Rural Medium-high Income Households

表 2－33　单位：%

年　份 Year	人均可支配收入 Average Per Capita Disposable Income	工资性收入 Salaries	家庭经营性收入 Net Income from Household Business	财产性收入 Property Income	转移性收入 Transferred Income
2001	100.0	78.3	15.3	2.5	4.0
2002	100.0	83.8	9.1	2.4	4.7
2003	100.0	84.1	9.5	2.6	3.8
2004	100.0	80.3	11.2	2.9	5.6
2005	100.0	75.6	11.8	5.5	7.1
2006	100.0	74.3	6.5	6.3	12.9
2007	100.0	74.6	6.6	4.6	14.2
2008	100.0	69.9	4.1	7.9	18.0
2009	100.0	66.9	5.2	8.0	19.8
2010	100.0	70.7	5.0	6.6	17.7

高收入户农村居民家庭生活基本情况（1994～2010）
Basic Conditions of Rural High Income Households

表2－34

年　份 Year	平均每户劳动力人口（人） Average Number of Laborers Per Household (person)	平均每一劳动力负担人数(人) Number of Dependents Per Laborer (person)	恩格尔系数（%） Engel Coefficient (%)	平均消费倾向（%） Average Propensity to Consume (%)
1994	2.48	1.25	40.1	76.7
1995	2.53	1.26	32.0	86.2
1996	2.50	1.31	31.5	79.9
1997	2.58	1.26	35.5	69.0
1998	2.61	1.24	34.2	75.6
1999	2.49	1.24	35.5	57.6
2000	2.42	1.30	40.5	56.5
2001	2.35	1.26	31.8	77.3
2002	2.40	1.28	28.9	80.8
2003	2.61	1.19	26.6	84.3
2004	2.52	1.20	28.8	80.4
2005	2.28	1.33	29.2	84.8
2006	2.25	1.30	29.9	89.4
2007	2.12	1.39	28.1	93.9
2008	1.90	1.53	35.9	70.0
2009	2.20	1.34	32.8	71.4
2010	1.93	1.43	37.2	61.9

高收入户农村居民家庭人均可支配收入及来源(2001~2010)
Per Capita Disposable Income and Sources of Rural High Income Households

表2-35

单位:元(Unit:yuan)

年 份 Year	人均可支配收入 Average Per Capita Disposable Income	工资性收入 Salaries	家庭经营纯收入 Net Income from Household Business	财产性收入 Property Income	转移性收入 Transferred Income
2001	10 930	8 274	1 616	494	546
2002	11 989	9 170	1 368	640	811
2003	12 777	9 745	1 470	655	907
2004	13 652	10 876	1 082	833	861
2005	15 309	11 984	1 545	788	992
2006	16 843	13 196	1 383	1 116	1 148
2007	18 443	14 043	1 424	1 351	1 625
2008	20 748	14 993	1 872	2 013	1 870
2009	22 465	16 631	810	2 499	2 525
2010	24 536	17 458	1 172	2 281	3 625

高收入户农村居民家庭人均可支配收入构成(2001~2010)
Composition of Per Capita Disposable Income of Rural High Income Households

表2-36

单位:%

年 份 Year	人均可支配收入 Average Per Capita Disposable Income	工资性收入 Salaries	家庭经营性收入 Net Income from Household Business	财产性收入 Property Income	转移性收入 Transferred Income
2001	100.0	75.7	14.8	4.5	5.0
2002	100.0	76.5	11.4	5.3	6.8
2003	100.0	76.3	11.5	5.1	7.1
2004	100.0	79.7	7.9	6.1	6.3
2005	100.0	78.3	10.1	5.1	6.5
2006	100.0	78.3	8.2	6.6	6.8
2007	100.0	76.1	7.7	7.3	8.8
2008	100.0	72.3	9.0	9.7	9.0
2009	100.0	74.0	3.6	11.1	11.2
2010	100.0	71.2	4.8	9.3	14.8

Chapter 3
第三篇

消　费
Consumption

城市居民家庭人均分类消费支出（1980～2010）
Per Capita Consumption Expenditures of Urban Households by Category

表3－1

单位：元（Unit：yuan）

年 份 Year	消费支出 Total Consumption Expenditures	#服务性消费支出 Consumption Expenditures on Services	食 品 Food	衣 着 Clothing	家庭设备用品及服务 Household Facilities, Articles and Services
1980	553	75	310	79	50
1981	585	79	332	89	53
1982	576	82	339	82	51
1983	615	87	360	90	55
1984	726	101	410	120	68
1985	992	121	517	148	131
1986	1 170	136	617	158	164
1987	1 282	161	698	181	165
1988	1 648	171	868	244	232
1989	1 812	190	1 011	208	215
1990	1 937	233	1 095	208	196
1991	2 167	294	1 234	238	220
1992	2 509	365	1 403	277	196
1993	3 530	568	1 873	414	295
1994	4 669	732	2 497	483	427
1995	5 868	889	3 131	561	637
1996	6 763	1 205	3 429	590	614
1997	6 820	1 173	3 526	552	525
1998	6 866	1 344	3 477	472	453
1999	8 248	1 781	3 731	551	772
2000	8 868	2 154	3 947	567	683
2001	9 336	2 393	4 056	577	579
2002	10 464	3 033	4 120	613	653
2003	11 040	3 369	4 102	751	792
2004	12 631	4 084	4 593	797	780
2005	13 773	4 447	4 940	940	800
2006	14 762	4 841	5 249	1 027	877
2007	17 255	5 595	6 125	1 330	959
2008	19 398	6 287	7 109	1 521	1 182
2009	20 992	6 656	7 345	1 593	1 365
2010	23 200	6 955	7 777	1 794	1 800

表3－1 续表 Continued

单位:元(Unit: yuan)

年 份 Year	医疗保健 Medical and Health Services	交通和通信 Transport and Communication	教育文化娱乐服务 Education, Culture and Recreation Services	居 住 Housing	其他商品和服务 Other Commodities and Services
1980	7	20	49	26	12
1981	6	23	38	28	16
1982	6	23	33	34	8
1983	6	25	37	33	9
1984	3	28	46	36	15
1985	5	30	91	43	27
1986	4	32	111	48	36
1987	6	38	108	60	26
1988	7	41	145	71	40
1989	9	48	193	74	54
1990	11	58	231	90	48
1991	14	62	216	118	65
1992	37	114	220	164	98
1993	68	211	321	208	140
1994	84	292	381	333	172
1995	113	321	508	401	196
1996	148	496	827	416	243
1997	197	397	828	605	190
1998	261	406	893	674	230
1999	347	583	1 094	842	328
2000	501	759	1 287	794	330
2001	558	958	1 422	796	390
2002	734	1 115	1 668	1 189	372
2003	603	1 259	1 834	1 280	419
2004	762	1 703	2 195	1 327	474
2005	797	1 984	2 273	1 412	627
2006	763	2 333	2 432	1 436	645
2007	857	3 154	2 654	1 412	764
2008	755	3 373	2 875	1 646	937
2009	1 002	3 499	3 139	1 913	1 136
2010	1 006	4 076	3 363	2 166	1 218

城市居民家庭人均分类消费支出构成（1980～2010）
Composition of Per Capita Consumption Expenditures of Urban Households by Category

表3－2 单位:%

年 份 Year	消费支出 Total Consumption Expenditures	食 品 Food	衣 着 Clothing	家庭设备用品及服务 Household Facilities, Articles and Services	医疗保健 Medical and Health Services
1980	100.0	56.0	14.3	9.0	1.3
1981	100.0	56.8	15.2	9.1	1.0
1982	100.0	58.9	14.2	8.9	1.0
1983	100.0	58.5	14.6	8.9	1.0
1984	100.0	56.5	16.5	9.4	0.4
1985	100.0	52.1	14.9	13.2	0.5
1986	100.0	52.7	13.5	14.0	0.4
1987	100.0	54.4	14.1	12.9	0.5
1988	100.0	52.7	14.8	14.1	0.4
1989	100.0	55.8	11.5	11.9	0.5
1990	100.0	56.5	10.7	10.1	0.6
1991	100.0	56.9	11.0	10.2	0.6
1992	100.0	55.9	11.0	7.8	1.5
1993	100.0	53.1	11.7	8.3	1.9
1994	100.0	53.5	10.3	9.1	1.8
1995	100.0	53.4	9.6	10.8	1.9
1996	100.0	50.7	8.7	9.1	2.2
1997	100.0	51.7	8.1	7.7	2.9
1998	100.0	50.6	6.9	6.6	3.8
1999	100.0	45.2	6.7	9.3	4.2
2000	100.0	44.5	6.4	7.7	5.6
2001	100.0	43.4	6.2	6.2	6.0
2002	100.0	39.4	5.9	6.2	7.0
2003	100.0	37.2	6.8	7.2	5.4
2004	100.0	36.4	6.3	6.2	6.0
2005	100.0	35.9	6.8	5.8	5.8
2006	100.0	35.6	6.9	5.9	5.2
2007	100.0	35.5	7.7	5.5	5.0
2008	100.0	36.6	7.9	6.1	3.9
2009	100.0	35.0	7.6	6.5	4.8
2010	100.0	33.5	7.7	7.8	4.3

表3－2 续表 Continued

单位:%

年 份 Year	交通和通信 Transport and Communication	教育文化娱乐服务 Education, Culture and Recreation Services	居 住 Housing	其他商品和服务 Other Commodities and Services
1980	3.6	8.9	4.7	2.2
1981	3.9	6.5	4.8	2.7
1982	4.0	5.7	5.9	1.4
1983	4.1	6.0	5.4	1.5
1984	3.8	6.3	5.0	2.1
1985	3.0	9.2	4.4	2.7
1986	2.7	9.5	4.1	3.1
1987	3.0	8.4	4.7	2.0
1988	2.5	8.8	4.3	2.4
1989	2.6	10.6	4.1	3.0
1990	3.0	11.9	4.7	2.5
1991	2.9	10.0	5.4	3.0
1992	4.6	8.8	6.5	3.9
1993	6.0	9.1	5.9	4.0
1994	6.3	8.2	7.1	3.7
1995	5.5	8.7	6.8	3.3
1996	7.3	12.2	6.2	3.6
1997	5.8	12.1	8.9	2.8
1998	5.9	13.0	9.8	3.4
1999	7.1	13.3	10.2	4.0
2000	8.6	14.5	9.0	3.7
2001	10.3	15.2	8.5	4.2
2002	10.7	15.9	11.4	3.5
2003	11.4	16.6	11.6	3.8
2004	13.5	17.4	10.5	3.7
2005	14.4	16.5	10.2	4.6
2006	15.8	16.5	9.7	4.4
2007	18.3	15.4	8.2	4.4
2008	17.4	14.8	8.5	4.8
2009	16.7	14.9	9.1	5.4
2010	17.6	14.5	9.3	5.3

城市居民家庭人均分类消费支出名义指数(以1980年为100)

Per Capita Consumption Expenditure Norminal Indices of Urban Households by Category (1980 = 100)

表3-3

年份 Year	消费支出 Total Consumption Expenditures	食品 Food	衣着 Clothing	家庭设备用品及服务 Household Facilities, Articles and Services	医疗保健 Medical and Health Services
1980	100.0	100.0	100.0	100.0	100.0
1981	105.7	107.2	112.2	106.7	93.0
1982	104.1	109.3	103.0	102.8	91.1
1983	111.3	116.4	113.6	109.2	93.3
1984	131.3	132.4	152.1	135.6	48.1
1985	179.4	166.9	186.8	263.1	72.2
1986	211.7	199.1	200.4	329.0	57.8
1987	231.9	225.5	228.2	329.9	83.7
1988	298.1	280.3	308.1	463.3	107.7
1989	327.8	326.4	262.7	431.0	130.8
1990	350.4	353.5	263.2	392.4	163.4
1991	391.9	398.6	300.9	440.0	201.3
1992	453.9	453.1	350.2	392.7	537.2
1993	638.5	604.9	523.5	589.7	973.3
1994	844.4	806.5	611.4	853.0	1 201.4
1995	1 061.3	1 011.0	709.7	1 273.7	1 617.9
1996	1 223.2	1 107.3	745.8	1 228.3	2 119.2
1997	1 233.5	1 138.8	697.7	1 050.0	2 826.3
1998	1 241.9	1 123.0	597.4	905.4	3 739.8
1999	1 491.7	1 204.8	696.6	1 544.2	4 975.1
2000	1 603.9	1 274.6	717.7	1 365.1	7 182.6
2001	1 688.5	1 309.9	730.3	1 157.8	8 001.4
2002	1 881.0	1 330.5	775.2	1 306.5	10 518.7
2003	1 984.7	1 324.8	949.7	1 584.8	8 643.4
2004	2 270.6	1 483.3	1 007.8	1 560.3	10 923.1
2005	2 476.0	1 595.2	1 189.6	1 600.3	11 426.8
2006	2 653.7	1 695.0	1 298.9	1 754.9	10 940.6
2007	3 101.9	1 978.0	1 682.4	1 918.7	12 291.4
2008	3 487.1	2 295.5	1 923.4	2 364.1	10 831.2
2009	3 773.7	2 371.8	2 015.1	2 730.3	14 371.2
2010	4 170.6	2 511.3	2 269.3	3 599.8	14 419.9

表 3-3 续表 Continued

年 份 Year	交通和通信 Transport and Communication	教育文化娱乐服务 Education, Culture and Recreation Services	居 住 Housing	其他商品和服务 Other Commodities and Services
1980	100.0	100.0	100.0	100.0
1981	115.0	77.6	107.7	133.3
1982	115.0	67.3	130.8	66.7
1983	125.0	75.5	126.9	75.0
1984	140.0	93.9	138.5	125.0
1985	150.0	185.7	165.4	225.0
1986	160.0	555.0	240.0	180.0
1987	190.0	540.0	300.0	130.0
1988	205.0	725.0	355.0	200.0
1989	240.0	965.0	370.0	270.0
1990	290.0	1 155.0	450.0	240.0
1991	310.0	1 080.0	590.0	325.0
1992	570.0	1 100.0	820.0	490.0
1993	1 055.0	1 605.0	1 040.0	700.0
1994	1 460.0	1 905.0	1 665.0	860.0
1995	1 605.0	2 540.0	2 005.0	980.0
1996	2 480.0	1 687.8	1 600.0	2 025.0
1997	1 985.0	1 689.8	2 326.9	1 583.3
1998	2 030.0	1 822.4	2 592.3	1 916.7
1999	2 915.0	2 232.7	3 238.5	2 733.3
2000	3 795.0	2 626.5	3 053.8	2 750.0
2001	4 790.0	2 902.0	3 061.5	3 250.0
2002	5 575.0	3 404.1	4 573.1	3 100.0
2003	6 295.0	3 742.9	4 923.1	3 491.7
2004	8 515.0	4 479.6	5 103.8	3 950.0
2005	9 920.0	4 638.8	5 430.8	5 225.0
2006	11 665.0	4 963.3	5 523.1	5 375.0
2007	15 770.0	5 416.3	5 430.8	6 366.7
2008	16 880.5	5 869.2	6 245.5	7 891.3
2009	17 508.3	6 409.2	7 258.5	9 565.7
2010	20 399.8	6 867.1	8 218.4	10 253.1

按收入水平分组城市居民家庭人均消费支出(1985~2010)
Per Capita Consumption Expenditures of Urban Households by 5 Income Levels

表3-4 单位:元(Unit: yuan)

年 份 Year	总平均 Total Average	低收入户 Low Income	较低收入户 Medium-low Income	中等收入户 Medium Income	较高收入户 Medium-high Income	高收入户 High Income
1985	992	724	870	973	1 123	1 309
1986	1 170	863	1 038	1 121	1 288	1 590
1987	1 282	949	1 114	1 203	1 459	1 789
1988	1 648	1 149	1 405	1 588	1 931	2 327
1989	1 812	1 299	1 625	1 743	2 079	2 428
1990	1 937	1 433	1 702	1 907	2 115	2 632
1991	2 167	1 524	1 866	2 295	2 348	2 968
1992	2 509	1 785	2 185	2 509	2 915	3 316
1993	3 530	2 407	2 967	3 416	3 895	5 061
1994	4 669	3 095	3 728	4 718	5 178	6 825
1995	5 868	3 700	4 696	5 497	6 601	8 911
1996	6 763	4 353	5 683	6 546	7 390	9 810
1997	6 820	4 533	5 624	6 659	7 395	10 072
1998	6 866	4 583	5 824	6 924	7 373	9 694
1999	8 248	5 987	7 011	7 623	8 966	11 911
2000	8 868	6 272	7 516	8 555	9 445	12 763
2001	9 336	6 900	7 647	8 473	10 010	13 666
2002	10 464	7 264	9 176	9 569	12 152	14 629
2003	11 040	6 481	8 931	10 060	12 569	17 427
2004	12 631	6 684	8 814	11 646	13 753	23 629
2005	13 773	7 698	9 807	11 524	15 024	25 470
2006	14 762	8 004	11 233	13 142	15 815	26 325
2007	17 255	9 217	12 959	15 468	18 993	30 820
2008	19 398	10 458	13 614	17 204	21 869	35 273
2009	20 992	11 654	16 155	18 487	24 253	36 063
2010	23 200	12 555	15 970	21 611	26 773	40 744

按收入水平分组城市居民家庭人均食品支出（1985～2010）
Per Capita Consumption Expenditures on Foods of Urban Households by 5 Income Levels

表 3－5　　单位：元（Unit：yuan）

年 份 Year	总平均 Total Average	低收入户 Low Income	较低收入户 Medium-low Income	中等收入户 Medium Income	较高收入户 Medium-high Income	高收入户 High Income
1985	517	418	475	522	545	639
1986	617	514	558	609	661	760
1987	698	569	628	669	756	913
1988	868	711	787	829	976	1 092
1989	1 011	847	958	964	1 081	1 246
1990	1 095	901	1 042	1 074	1 177	1 316
1991	1 234	995	1 150	1 258	1 279	1 551
1992	1 403	1 160	1 274	1 454	1 486	1 697
1993	1 873	1 533	1 743	1 901	2 028	2 182
1994	2 497	2 038	2 301	2 563	2 683	2 950
1995	3 131	2 451	2 828	3 086	3 374	3 926
1996	3 429	2 699	3 060	3 404	3 669	4 297
1997	3 526	2 709	3 211	3 524	3 885	4 337
1998	3 477	2 645	3 170	3 583	3 798	4 214
1999	3 731	2 968	3 443	3 604	4 037	4 674
2000	3 947	3 168	3 716	3 879	4 164	4 856
2001	4 056	3 343	3 659	4 009	4 275	5 009
2002	4 120	3 282	3 897	4 129	4 455	4 942
2003	4 102	2 950	3 583	4 086	4 553	5 363
2004	4 593	3 128	3 962	4 659	4 757	6 751
2005	4 940	3 344	4 098	4 809	5 289	7 311
2006	5 249	3 569	4 743	5 064	5 710	7 292
2007	6 125	4 148	5 571	6 088	6 551	8 500
2008	7 109	4 727	6 113	6 804	8 104	10 098
2009	7 345	5 013	6 675	6 975	8 212	10 188
2010	7 777	5 578	6 821	7 590	8 598	10 586

按收入水平分组城市居民家庭人均衣着支出(1985～2010)
Per Capita Consumption Expenditures on Clothing of Urban Households by 5 Income Levels

表3－6

单位:元(Unit: yuan)

年 份 Year	总平均 Total Average	低收入户 Low Income	较低收入户 Medium-low Income	中等收入户 Medium Income	较高收入户 Medium-high Income	高收入户 High Income
1985	148	96	127	142	174	207
1986	158	109	137	153	177	224
1987	181	120	149	172	229	248
1988	244	148	204	238	275	381
1989	208	125	168	208	248	308
1990	208	144	163	203	246	300
1991	238	143	192	240	281	360
1992	277	164	232	283	359	368
1993	414	208	325	403	520	628
1994	483	187	329	483	599	853
1995	561	237	398	540	695	940
1996	590	233	385	606	690	1 028
1997	552	247	373	552	675	930
1998	472	217	328	469	495	859
1999	551	297	395	472	677	942
2000	567	339	439	510	649	919
2001	577	361	427	516	634	951
2002	613	343	497	603	671	988
2003	751	271	457	630	799	1 663
2004	797	267	454	649	997	1 738
2005	940	364	522	738	1 163	1 979
2006	1 027	406	707	901	1 159	2 023
2007	1 330	571	869	1 140	1 629	2 547
2008	1 521	571	948	1 277	1 682	3 279
2009	1 593	732	1 033	1 420	1 864	3 077
2010	1 794	803	1 113	1 516	2 239	3 457

按收入水平分组城市居民家庭人均居住支出(1985～2010)

Per Capita Consumption Expenditures on Housing of Urban Households by 5 Income Levels

表 3－7

单位:元(Unit: yuan)

年 份 Year	总平均 Total Average	低收入户 Low Income	较低收入户 Medium-low Income	中等收入户 Medium Income	较高收入户 Medium-high Income	高收入户 High Income
1985	43	33	36	40	52	54
1986	48	41	41	45	52	64
1987	60	45	50	57	60	92
1988	71	49	62	60	73	120
1989	74	53	65	72	90	95
1990	90	65	86	94	91	117
1991	118	88	103	129	140	135
1992	164	109	151	167	214	186
1993	208	162	165	225	221	273
1994	333	224	257	300	358	543
1995	401	279	303	350	492	587
1996	416	367	346	369	463	535
1997	605	447	461	657	590	888
1998	674	465	605	672	686	948
1999	842	849	822	648	757	1 157
2000	794	617	726	862	709	1 071
2001	796	603	622	654	656	1 444
2002	1 189	949	855	913	1 228	2 056
2003	1 280	667	866	845	1 648	1 995
2004	1 327	719	812	1 405	1 262	2 580
2005	1 412	899	1 073	954	1 643	2 550
2006	1 436	720	1 176	1 331	1 582	2 433
2007	1 412	677	1 219	1 342	1 634	2 272
2008	1 646	1 113	1 084	1 904	1 899	2 297
2009	1 913	961	1 864	1 625	2 148	3 100
2010	2 166	907	1 194	2 339	2 515	4 064

按收入水平分组城市居民家庭人均家庭设备用品和服务支出(1985～2010)
Per Capita Consumption Expenditures on Household Facilities, Articles and Services of Urban Households by 5 Income Levels

表3－8 单位:元(Unit: yuan)

年 份 Year	总平均 Total Average	低收入户 Low Income	较低收入户 Medium-low Income	中等收入户 Medium Income	较高收入户 Medium-high Income	高收入户 High Income
1985	131	77	98	117	167	208
1986	164	104	155	155	173	242
1987	165	107	131	146	198	264
1988	232	108	164	205	353	367
1989	215	130	147	215	261	350
1990	196	111	153	164	216	360
1991	220	114	158	236	258	364
1992	196	96	145	198	252	314
1993	295	133	162	237	311	652
1994	427	158	191	397	462	969
1995	637	171	334	497	742	1 465
1996	614	325	486	544	630	1 090
1997	525	226	372	539	489	1 032
1998	453	155	274	533	470	840
1999	772	364	570	683	748	1 544
2000	683	356	450	575	623	1 448
2001	579	269	362	415	518	1 335
2002	653	372	468	547	788	1 138
2003	792	288	462	613	1 125	1 363
2004	780	322	437	761	796	1 693
2005	800	299	516	548	827	1 866
2006	877	299	587	740	1 001	1 819
2007	959	351	661	912	1 230	1 713
2008	1 182	430	693	943	1 588	2 374
2009	1 365	468	1 003	1 110	1 772	2 619
2010	1 800	690	1 022	1 543	2 140	3 786

按收入水平分组城市居民家庭人均医疗保健支出(1985～2010)
Per Capita Consumption Expenditures on Medical and Health Services of Urban Households by 5 Income Levels

表3-9 单位:元(Unit: yuan)

年 份 Year	总平均 Total Average	低收入户 Low Income	较低收入户 Medium-low Income	中等收入户 Medium Income	较高收入户 Medium-high Income	高收入户 High Income
1985	5	5	5	5	6	4
1986	4	4	4	4	4	4
1987	6	6	6	6	6	4
1988	7	7	6	7	6	12
1989	9	6	6	8	10	16
1990	11	8	11	16	13	9
1991	14	17	12	13	12	16
1992	37	30	33	37	46	44
1993	68	45	46	74	81	95
1994	84	75	68	94	92	92
1995	113	86	94	116	112	158
1996	148	114	99	150	157	220
1997	197	120	157	181	249	283
1998	261	137	274	290	304	303
1999	347	266	254	396	388	434
2000	501	422	467	480	546	596
2001	558	393	499	542	657	703
2002	734	350	838	623	1 000	903
2003	603	283	507	576	652	993
2004	762	296	557	793	1 099	1 134
2005	797	341	603	763	982	1 336
2006	763	410	506	700	888	1 348
2007	857	527	571	1 007	860	1 363
2008	755	542	609	803	891	956
2009	1 002	711	811	1 300	1 026	1 192
2010	1 006	712	878	999	1 010	1 470

按收入水平分组城市居民家庭人均交通和通信支出(1985～2010)
Per Capita Consumption Expenditures on Transport and Communication of Urban Households by 5 Income Levels

表3－10　　单位:元(Unit: yuan)

年份 Year	总平均 Total Average	低收入户 Low Income	较低收入户 Medium-low Income	中等收入户 Medium Income	较高收入户 Medium-high Income	高收入户 High Income
1985	30	18	25	32	37	41
1986	32	19	26	36	37	43
1987	38	24	32	39	44	54
1988	41	28	33	40	47	63
1989	48	24	39	41	51	89
1990	58	36	48	53	59	98
1991	62	34	50	60	80	95
1992	114	61	93	98	157	171
1993	211	96	196	163	220	389
1994	292	164	209	321	358	423
1995	321	174	205	303	352	579
1996	496	228	451	528	583	679
1997	397	274	259	412	438	616
1998	406	250	320	366	453	649
1999	583	329	405	511	659	1 043
2000	759	368	507	669	982	1 302
2001	958	411	648	766	1 474	1 489
2002	1 115	505	777	963	1 784	1 629
2003	1 259	584	1 095	1 151	1 275	2 389
2004	1 703	540	873	1 253	1 676	4 491
2005	1 984	663	1 036	1 376	1 992	5 005
2006	2 333	838	1 245	1 651	2 190	5 948
2007	3 154	1 029	1 617	2 234	3 570	7 691
2008	3 373	1 137	1 580	1 985	3 826	8 792
2009	3 499	1 538	2 036	2 086	4 397	7 885
2010	4 076	1 657	1 806	3 675	4 941	8 731

按收入水平分组城市居民家庭人均教育文化娱乐服务支出（1985～2010）
Per Capita Consumption Expenditures on Education, Culture and Recreation Articles and Services of Urban Households by 5 Income Levels

表3－11 单位：元（Unit：yuan）

年 份 Year	总平均 Total Average	低收入户 Low Income	较低收入户 Medium-low Income	中等收入户 Medium Income	较高收入户 Medium-high Income	高收入户 High Income
1985	91	63	81	90	115	109
1986	111	52	93	83	142	192
1987	108	62	97	96	132	167
1988	145	84	127	158	156	213
1989	193	98	202	193	257	225
1990	231	148	152	255	255	364
1991	216	110	161	290	216	328
1992	220	108	179	200	258	385
1993	321	175	231	286	324	603
1994	381	171	265	377	454	663
1995	508	222	402	431	634	853
1996	827	303	693	752	940	1 439
1997	828	398	646	640	919	1 580
1998	893	596	699	820	900	1 458
1999	1 094	736	927	1 038	1 383	1 416
2000	1 287	818	1 000	1 220	1 395	2 045
2001	1 422	1 309	1 172	1 257	1 367	1 996
2002	1 668	1 352	1 435	1 491	1 789	2 332
2003	1 834	1 300	1 731	1 839	2 021	2 681
2004	2 195	1 286	1 506	1 755	2 506	4 160
2005	2 273	1 603	1 695	1 867	2 492	3 788
2006	2 432	1 570	1 892	2 269	2 503	4 026
2007	2 654	1 635	1 908	2 237	2 655	5 026
2008	2 875	1 668	2 033	2 544	2 922	5 418
2009	3 139	1 934	2 132	2 779	3 657	5 441
2010	3 363	1 921	2 331	3 010	3 852	5 936

按收入水平分组城市居民家庭人均其他商品和服务支出(1985～2010)
Per Capita Consumption Expenditures on Other Commodities and Services of Urban Households by 5 Income Levels

表3－12 单位:元(Unit: yuan)

年 份 Year	总平均 Total Average	低收入户 Low Income	较低收入户 Medium-low Income	中等收入户 Medium Income	较高收入户 Medium-high Income	高收入户 High Income
1985	27	14	23	25	27	47
1986	36	20	24	36	42	61
1987	26	16	21	18	34	47
1988	40	14	22	51	45	79
1989	54	16	40	42	81	99
1990	48	20	47	48	58	68
1991	65	23	40	69	82	119
1992	98	57	78	72	143	151
1993	140	55	99	127	190	239
1994	172	78	108	183	172	332
1995	196	80	132	174	200	403
1996	243	84	163	193	258	522
1997	190	112	145	154	150	406
1998	230	118	154	191	267	423
1999	328	178	195	271	317	701
2000	330	184	211	360	377	526
2001	390	211	258	314	429	739
2002	372	111	409	300	437	641
2003	419	138	230	320	496	980
2004	474	126	213	371	660	1 082
2005	627	185	264	469	636	1 635
2006	645	192	377	486	782	1 436
2007	764	279	543	508	864	1 708
2008	937	270	554	944	957	2 059
2009	1 136	297	601	1 192	1 177	2 561
2010	1 218	287	805	939	1 478	2 714

主要年份城市居民人均消费支出
Per Capita Consumption Expenditures of Urban Residents in Main Years

表3－13 单位：元(Unit：yuan)

指 标	Indicators	1980	1985	1990	1995	2000	2005	2010
食品类支出	**Food**	**310**	**517**	**1 095**	**3 131**	**3 947**	**4 940**	**7 777**
#粮 食	Grain	56	33	36	283	234	254	615
肉禽蛋水产品类	Meat, Poultry, Eggs and Aquatic Products	89	166	425	1 202	1 324	1 345	2 071
蔬菜类	Vegetables	24	42	110	280	305	383	622
糖烟酒饮料类	Sugars, Cigarettes, Liquors and Beverages	37	57	109	323	432	555	885
干鲜瓜果	Dry and Fresh Fruit	16	38	89	191	245	334	594
奶及奶制品	Milk and Its Products	3	16	36	114	201	247	410
在外饮食	Dining Out	59	89	135	373	710	1 331	1 925
衣着类支出	**Clothing**	**79**	**148**	**208**	**561**	**567**	**940**	**1 794**
#服 装	Garments	18	45	93	344	387	694	1 352
衣着材料	Clothing Materials	40	65	62	68	24	15	19
鞋 类	Shoes	9	20	34	108	124	182	355
家庭设备用品及服务类支出	**Household Facilities, Articles and Services**	**50**	**131**	**196**	**637**	**683**	**800**	**1 800**
#耐用消费品	Durable Consumer Goods	6	79	74	427	340	410	816
家庭服务	Household Services	8	18	50	72	140	98	152
家政服务	Home Services				9	23	70	113
医疗保健类支出	**Medical and Health Services**	**7**	**5**	**11**	**113**	**501**	**797**	**1 006**
#药品费	Medicines	6	4	7	56	244	334	430
滋补保健品	Nutritious Health Products				41	169	235	293
医疗费	Medical Products	1	1	4	11	69	176	239
交通和通信类支出	**Transport and Communication**	**20**	**30**	**58**	**321**	**759**	**1 984**	**4 076**
交 通	Transport	19	29	53	166	375	1 161	2 891
#交通费	Transport Fee	16	24	46	117	335	521	749
通 信	Communication	1	1	5	155	384	823	1 185
#电信费	Communication Fee				59	272	654	969
教育文化娱乐服务类支出	**Education, Culture and Recreation Services**	**49**	**91**	**231**	**508**	**1 287**	**2 273**	**3 363**
教 育	Education	4	7	23	177	585	1 136	1 168
教 材	Teaching Materials				37	77	106	58
教育费用	Education Fee	4	7	23	140	508	1 030	1 110
文化娱乐用品	Recreation and Culture Articles	41	79	198	247	555	647	1 056
#家用电脑	Personal Computer					197	206	289
彩色电视机	Color TV Set		37	73	53	101	91	342
书报杂志	Books, Newspapers and Magazines	9	11	22	37	73	72	76
文化娱乐服务	Recreation and Culture Services	4	5	10	84	147	490	1 139
居住类支出	**Housing**	**26**	**43**	**90**	**401**	**794**	**1 412**	**2 166**
#租赁房房租	Rent	9	13	17	39	142	112	265
水	Water		4	6	26	72	94	119
电	Electricity		9	31	124	258	341	452
燃 料	Fuels	9	11	17	99	157	173	201
#管道煤气	Pipeline Gas		6	11	85	140	168	196
物业管理费	Property Management Fee					20	123	161
杂项商品和服务类支出	**Miscellaneous Commodities and Services**	**12**	**27**	**48**	**196**	**330**	**627**	**1 218**

农村居民家庭人均分类生活消费支出(1978～2010)
Per Capita Consumption Expenditures of Rural Households by Category

表 3－14

单位:元(Unit: yuan)

年 份 Year	生活消费支出 Total Consumption Expenditures	食 品 Food	衣 着 Clothing	居 住 Housing	家庭设备用品及服务 Household Facilities, Articles and Services
1978	193	117	29	25	12
1979	247	137	37	50	13
1980	323	167	35	82	5
1981	390	198	43	96	11
1982	444	221	39	128	13
1983	512	241	46	165	43
1984	619	287	48	215	42
1985	778	341	67	254	65
1986	896	406	74	286	73
1987	977	450	81	287	94
1988	1 229	488	110	343	174
1989	1 319	558	111	344	159
1990	1 262	586	107	272	129
1991	1 540	739	134	324	151
1992	1 967	853	148	451	232
1993	2 200	1 022	157	357	259
1994	2 715	1 315	213	454	267
1995	3 368	1 491	233	761	284
1996	3 868	1 657	256	816	363
1997	4 228	1 756	267	921	338
1998	4 207	1 775	239	876	369
1999	3 867	1 669	202	681	389
2000	4 138	1 823	201	724	225
2001	4 753	1 915	226	890	294
2002	5 311	1 872	226	1 392	281
2003	5 670	2 004	250	1 437	297
2004	6 329	2 191	280	1 446	344
2005	7 265	2 676	367	1 323	458
2006	8 006	3 024	418	1 658	481
2007	8 845	3 259	476	2 097	452
2008	9 115	3 732	467	1 806	504
2009	9 804	3 639	496	2 103	481
2010	10 225	3 807	554	2 070	528

表3-14 续表 Continued

单位:元(Unit: yuan)

年 份 Year	交通和通信 Transport and Communication	文教娱乐用品及服务 Education, Culture and Recreation Articles and Services	医疗保健 Medical and Health Services	其他商品和服务 Other Commodities and Services
1978				10
1979				10
1980				34
1981				42
1982				43
1983	1	6	4	6
1984	2	12	6	7
1985	2	34	8	7
1986	4	40	10	3
1987	3	39	9	14
1988	4	50	18	42
1989	4	68	23	52
1990	6	59	33	70
1991	15	85	35	57
1992	31	121	45	86
1993	65	220	50	70
1994	79	222	75	90
1995	159	256	73	111
1996	200	347	108	121
1997	240	414	174	118
1998	226	463	170	89
1999	197	474	160	95
2000	279	559	209	118
2001	340	673	265	150
2002	462	661	280	137
2003	587	676	333	86
2004	720	806	425	117
2005	739	936	562	204
2006	780	920	549	176
2007	884	857	571	249
2008	880	850	697	179
2009	1 212	943	739	191
2010	1 459	1 012	585	210

农村居民家庭人均分类生活消费支出构成（1978～2010）
Composition of Per Capita Consumption Expenditures of Rural Households by Category

表3－15 单位：%

年 份 Year	生活消费支出 Total Consumption Expenditures	食 品 Food	衣 着 Clothing	居 住 Housing	家庭设备用品及服务 Household Facilities, Articles and Services
1978	100.0	60.6	15.0	13.0	6.2
1979	100.0	55.4	15.1	20.1	5.3
1980	100.0	51.7	10.8	25.4	1.6
1981	100.0	50.8	11.0	24.6	2.8
1982	100.0	49.8	8.8	28.8	2.9
1983	100.0	47.0	9.0	32.2	8.4
1984	100.0	46.4	7.8	34.7	6.8
1985	100.0	43.8	8.6	32.6	8.4
1986	100.0	45.3	8.3	31.9	8.2
1987	100.0	46.1	8.3	29.4	9.6
1988	100.0	39.7	9.0	27.9	14.1
1989	100.0	42.3	8.4	26.1	12.1
1990	100.0	46.4	8.5	21.6	10.2
1991	100.0	48.0	8.7	21.0	9.8
1992	100.0	43.4	7.5	22.9	11.8
1993	100.0	46.4	7.1	16.2	11.8
1994	100.0	48.4	7.9	16.7	9.8
1995	100.0	44.3	6.9	22.6	8.4
1996	100.0	42.8	6.6	21.1	9.4
1997	100.0	41.5	6.3	21.8	8.0
1998	100.0	42.2	5.7	20.8	8.8
1999	100.0	43.1	5.2	17.6	10.1
2000	100.0	44.0	4.9	17.5	5.4
2001	100.0	40.3	4.7	18.7	6.2
2002	100.0	35.2	4.3	26.2	5.3
2003	100.0	35.4	4.4	25.3	5.2
2004	100.0	34.6	4.4	22.9	5.4
2005	100.0	36.8	5.1	18.2	6.3
2006	100.0	37.8	5.2	20.7	6.0
2007	100.0	36.8	5.4	23.7	5.1
2008	100.0	40.9	5.1	19.8	5.5
2009	100.0	37.1	5.1	21.5	4.9
2010	100.0	37.2	5.4	20.2	5.2

表 3－15 续表 Continued

单位:%

年 份 Year	交通和通信 Transport and Communication	文教娱乐用品及服务 Education, Culture and Recreation Articles and Services	医疗保健 Medical and Health Services	其他商品和服务 Other Commodities and Services
1978				5.2
1979				4.1
1980				10.5
1981				10.8
1982				9.7
1983	0.2	1.2	0.8	1.2
1984	0.3	1.9	1.0	1.1
1985	0.3	4.4	1.0	0.9
1986	0.4	4.5	1.1	0.3
1987	0.3	4.0	0.9	1.4
1988	0.3	4.1	1.5	3.4
1989	0.3	5.2	1.7	3.9
1990	0.5	4.7	2.6	5.5
1991	1.0	5.5	2.3	3.7
1992	1.6	6.1	2.3	4.4
1993	3.0	10.0	2.3	3.2
1994	2.9	8.2	2.8	3.3
1995	4.7	7.6	2.2	3.3
1996	5.2	9.0	2.8	3.1
1997	5.7	9.8	4.1	2.8
1998	5.4	11.0	4.0	2.1
1999	5.1	12.3	4.1	2.5
2000	6.7	13.5	5.1	2.9
2001	7.1	14.2	5.6	3.2
2002	8.7	12.4	5.3	2.6
2003	10.4	11.9	5.9	1.5
2004	11.4	12.7	6.7	1.9
2005	10.2	12.9	7.7	2.8
2006	9.7	11.5	6.9	2.2
2007	10.0	9.7	6.5	2.8
2008	9.7	9.3	7.7	2.0
2009	12.4	9.6	7.5	1.9
2010	14.3	9.9	5.7	2.1

农村居民家庭人均分类生活消费支出名义指数(以1978年为100)
Per Capita Consumption Expenditure Norminal Indices of Rural Households by Category (1978 = 100)

表3-16

年　份 Year	生活消费支出 Total Consumption Expenditures	食　品 Food	衣　着 Clothing	居　住 Housing	家庭设备用品及服务 Household Facilities, Articles and Services
1978	100.0	100.0	100.0	100.0	100.0
1979	128.2	117.2	128.4	199.4	113.7
1980	167.4	142.8	120.2	328.0	43.4
1981	202.1	169.3	147.6	384.0	95.5
1982	230.1	189.0	133.9	512.0	112.8
1983	265.3	206.1	157.9	660.0	373.3
1984	320.7	245.4	164.8	860.0	364.6
1985	403.1	291.6	230.0	1 016.0	564.2
1986	464.2	347.1	254.0	1 144.0	633.7
1987	506.2	384.7	278.1	1 148.0	816.0
1988					
1989	683.4	477.1	381.1	1 376.0	1 380.2
1990	653.9	501.0	367.3	1 088.0	1 119.8
1991	797.9	631.8	460.0	1 296.0	1 310.8
1992	1 019.2	729.3	508.1	1 804.0	2 013.9
1993	1 139.9	873.8	539.0	1 428.0	2 248.3
1994	1 406.7	1 124.3	731.2	1 816.0	2 317.7
1995	1 745.1	1 274.8	799.9	3 044.0	2 465.3
1996	2 004.1	1 416.7	878.8	3 264.0	3 151.0
1997	2 190.7	1 501.4	916.6	3 684.0	2 934.0
1998	2 179.8	1 517.6	820.5	3 504.0	3 203.1
1999	2 003.6	1 427.0	693.4	2 724.0	3 376.7
2000	2 144.0	1 558.7	690.0	2 896.0	1 953.1
2001	2 462.7	1 637.3	775.8	3 560.0	2 552.1
2002	2 751.8	1 600.5	775.8	5 568.0	2 439.2
2003					
2004	3 279.3	1 873.3	961.2	5 784.0	2 986.1
2005	3 764.2	2 288.0	1 259.9	5 292.0	3 975.7
2006	4 148.2	2 585.5	1 434.9	6 632.0	4 175.3
2007	4 582.9	2 786.4	1 634.1	8 388.0	3 923.6
2008	4 722.8	3 190.8	1 603.2	7 224.0	4 375.0
2009	5 079.8	3 111.3	1 702.7	8 412.0	4 175.3
2010	5 297.9	3 255.0	1 901.8	8 280.0	4 583.3

注：分类生活消费支出按原始数据计算，与用取整后的数据比较有尾数上差异。

Note: Figures in Consumption Expenditures Indices by Category are calculated by raw data, so they may have differences compared to the indices calculated by rounding data.

表3－16 续表 Continued

年 份 Year	交通和通信 Transport and Communication	文教娱乐用品及服务 Education, Culture and Recreation Articles and Services	医疗保健 Medical and Health Services	其他商品和服务 Other Commodities and Services
1978				100.0
1979				103.2
1980				349.1
1981				431.2
1982				441.5
1983	100.0	100.0	100.0	61.6
1984	200.0	200.0	150.0	71.9
1985	200.0	566.7	200.0	71.9
1986	400.0	666.7	250.0	30.8
1987	300.0	650.0	225.0	143.7
1988	400.0	833.3	450.0	431.2
1989	400.0	1 133.3	575.0	533.9
1990	600.0	983.3	825.0	718.7
1991	1 500.0	1 416.7	875.0	585.2
1992	3 100.0	2 016.7	1 125.0	883.0
1993	6 500.0	3 666.7	1 250.0	718.7
1994	7 900.0	3 700.0	1 875.0	924.0
1995	15 900.0	4 266.7	1 825.0	1 139.6
1996	20 000.0	5 783.3	2 700.0	1 242.3
1997	24 000.0	6 900.0	4 350.0	1 211.5
1998	22 600.0	7 716.7	4 250.0	913.8
1999	19 700.0	7 900.0	4 000.0	975.4
2000	27 900.0	9 316.7	5 225.0	1 211.5
2001	34 000.0	11 216.7	6 625.0	1 540.0
2002	46 200.0	11 016.7	7 000.0	1 406.6
2003	58 700.0	11 266.7	8 325.0	883.0
2004	72 000.0	13 433.3	10 625.0	1 201.2
2005	73 900.0	15 600.0	14 050.0	2 094.5
2006	78 000.0	15 333.3	13 725.0	1 807.0
2007	88 400.0	14 283.3	14 275.0	2 556.5
2008	88 000.0	14 166.7	17 425.0	1 837.8
2009	121 200.0	15 716.7	18 475.0	1 961.0
2010	145 900.0	16 866.7	14 625.0	2 156.1

注：交通和通信、文教娱乐用品及服务、医疗保健以1983年为100。
Note: In the categories of Transport and Communication, Education and Recreation Articles and Services, Medical and Health Services, the figures of 1983 are set at 100.

农村居民家庭人均经营性支出(1978～2010)
Per Capita Business Expenditures of Rural Households

表 3－17 单位:元(Unit: yuan)

年 份 Year	家庭经营支出 Business Expenditures of Rural Households	# 种植业 Planting	# 牧 业 Animal Husbandry	税费支出 Taxes and Fees
1978	36	3	29	
1979	45	3	41	
1980	40	3	35	
1981	44	3	40	
1982	57	3	51	
1983	122	57	57	22
1984	136	66	65	28
1985	186	66	111	37
1986	192	73	109	39
1987	230	78	142	41
1988	248	66	168	15
1989	235	87	137	26
1990	259	96	146	36
1991	296	114	161	40
1992	277	111	145	39
1993	345	132	191	42
1994	403	183	195	57
1995	498	220	245	66
1996	533	245	209	71
1997	502	234	199	66
1998	410	233	123	63
1999	304	194	68	51
2000	489	226	132	54
2001	578	239	156	65
2002	461	219	92	59
2003	393	222	76	10
2004	398	231	74	6
2005	493	181	86	4
2006	528	128	62	6
2007	667	192	65	2
2008	714	212	82	2
2009	589	153	80	0
2010	571	158	91	0

注：2000 年前税费支出为纳税和上交集体支出。
Note: Before 2000, Taxes and Fees include the taxes paid to the related department and the revenues turned over to the collective.

农村居民家庭人均经营性支出名义指数(以1978年为100)
Per Capita Business Expenditure Norminal Indices of Rural Households (1978 = 100)

表3－18

年　份 Year	家庭经营支出 Business Expenditures of Rural Households	#种植业 Planting	#牧　业 Animal Husbandry	税费支出 Taxes and Fees
1978	100.0	100.0	100.0	
1979	125.0	100.0	141.4	
1980	111.1	100.0	120.7	
1981	122.2	100.0	137.9	
1982	158.3	100.0	175.9	
1983	338.9	1 900.0	196.6	100.0
1984	377.8	2 200.0	224.1	127.3
1985	516.7	2 200.0	382.8	168.2
1986	533.3	2 433.3	375.9	177.3
1987	638.9	2 600.0	489.7	186.4
1988	688.9	2 200.0	579.3	68.2
1989	652.8	2 900.0	472.4	118.2
1990	719.4	3 200.0	503.4	163.6
1991	822.2	3 800.0	555.2	181.8
1992	769.4	3 700.0	500.0	177.3
1993	958.3	4 400.0	658.6	190.9
1994	1 119.4	6 100.0	672.4	259.1
1995	1 383.3	7 333.3	844.8	300.0
1996	1 480.6	8 166.7	720.7	322.7
1997	1 394.4	7 800.0	686.2	300.0
1998	1 138.9	7 766.7	424.1	286.4
1999	844.4	6 466.7	234.5	231.8
2000	1 358.3	7 533.3	455.2	245.5
2001	1 605.6	7 966.7	537.9	295.5
2002	1 280.6	7 300.0	317.2	268.2
2003	1 091.7	7 400.0	262.1	45.5
2004	1 105.6	7 700.0	255.2	27.3
2005	1 369.4	6 033.3	296.6	18.2
2006	1 466.7	4 266.7	213.8	27.3
2007	1 852.8	6 400.0	224.1	9.1
2008	1 983.3	7 066.7	282.8	7.8
2009	1 636.1	5 100.0	275.9	1.1
2010	1 586.1	5 266.7	313.8	0.5

注：税费支出以1983年为100。
Note: Taxes and Fees are set at 1983.

按收入水平分组农村居民家庭人均生活消费支出(1994～2010)
Per Capita Consumption Expenditures of Rural Households by 5 Income Levels

表 3－19　　　　单位:元(Unit: yuan)

年　份 Year	总平均 Total Average	低收入户 Low Income	较低收入户 Medium-low Income	中等收入户 Medium Income	较高收入户 Medium-high Income	高收入户 High Income
1994	2 715	1 578	1 989	2 635	2 952	4 640
1995	3 368	1 813	2 680	2 704	3 408	6 546
1996	3 868	2 229	2 860	3 182	4 221	6 995
1997	4 228	2 558	3 334	3 986	4 866	6 532
1998	4 207	2 468	3 163	3 347	4 871	7 362
1999	3 867	2 275	2 940	4 181	4 279	5 909
2000	4 138	2 390	3 387	3 887	5 487	5 880
2001	4 753	2 921	3 250	4 334	5 356	8 449
2002	5 311	2 350	4 341	4 834	5 873	9 683
2003	5 670	2 886	3 681	5 363	6 286	10 769
2004	6 329	4 076	4 914	5 309	6 992	10 971
2005	7 265	4 618	5 690	6 317	7 059	12 975
2006	8 006	4 788	6 001	6 951	8 015	15 058
2007	8 845	4 890	6 077	7 305	9 541	17 317
2008	9 115	5 024	6 280	9 555	10 700	14 517
2009	9 804	5 472	6 266	9 026	12 843	16 035
2010	10 225	5 026	7 881	8 739	15 103	15 187

按收入水平分组农村居民家庭人均食品支出（2001～2010）
Per Capita Consumption Expenditures on Foods of Rural Households by 5 Income Levels

表3－20 单位：元（Unit：yuan）

年 份 Year	总平均 Total Average	低收入户 Low Income	较低收入户 Medium-low Income	中等收入户 Medium Income	较高收入户 Medium-high Income	高收入户 High Income
2001	1 915	1 421	1 571	1 870	2 142	2 690
2002	1 872	1 163	1 602	1 879	2 085	2 800
2003	2 004	1 496	1 572	1 910	2 295	2 870
2004	2 191	1 697	1 745	2 035	2 458	3 160
2005	2 676	2 100	2 380	2 424	2 756	3 786
2006	3 024	2 220	2 622	2 837	3 088	4 500
2007	3 259	2 119	2 491	3 149	3 874	4 858
2008	3 732	2 146	2 943	3 814	4 680	5 215
2009	3 639	2 519	2 853	3 569	4 141	5 262
2010	3 807	2 384	3 352	3 764	4 091	5 649

按收入水平分组农村居民家庭人均衣着支出（2001～2010）
Per Capita Consumption Expenditures on Clothing of Rural Households by 5 Income Levels

表3－21 单位：元（Unit：yuan）

年 份 Year	总平均 Total Average	低收入户 Low Income	较低收入户 Medium-low Income	中等收入户 Medium Income	较高收入户 Medium-high Income	高收入户 High Income
2001	226	107	148	240	246	421
2002	226	93	150	246	248	419
2003	250	106	152	282	310	429
2004	280	138	204	288	318	478
2005	367	155	270	298	373	758
2006	418	180	325	349	454	829
2007	476	219	318	398	544	950
2008	467	182	340	425	582	843
2009	496	217	349	434	556	965
2010	554	232	358	551	601	1 091

按收入水平分组农村居民家庭人均居住支出(2001～2010)
Per Capita Consumption Expenditures on Housing of Rural Households by 5 Income Levels

表 3－22 单位:元(Unit: yuan)

年 份 Year	总平均 Total Average	低收入户 Low Income	较低收入户 Medium-low Income	中等收入户 Medium Income	较高收入户 Medium-high Income	高收入户 High Income
2001	890	363	445	578	829	2 433
2002	1 392	270	1 284	1 013	1 530	3 035
2003	1 437	274	583	1 219	1 172	4 236
2004	1 446	935	1 132	815	1 541	3 005
2005	1 323	705	643	996	1 081	3 331
2006	1 658	817	960	1 205	862	4 767
2007	2 097	924	1 336	1 157	1 873	5 537
2008	1 806	1 179	652	2 208	1 784	3 355
2009	2 103	703	826	1 841	4 123	3 188
2010	2 070	554	1 327	951	5 766	1 938

按收入水平分组农村居民家庭人均家庭设备用品及服务支出(2001～2010)
Per Capita Consumption Expenditures on Household Facilities, Articles and Services of Rural Households by 5 Income Levels

表 3－23 单位:元(Unit: yuan)

年 份 Year	总平均 Total Average	低收入户 Low Income	较低收入户 Medium-low Income	中等收入户 Medium Income	较高收入户 Medium-high Income	高收入户 High Income
2001	294	164	143	292	298	622
2002	281	126	159	265	303	586
2003	297	161	211	251	305	587
2004	344	165	249	365	375	602
2005	458	306	342	385	408	876
2006	481	238	324	523	487	877
2007	452	215	295	419	567	802
2008	504	223	314	581	650	777
2009	481	254	299	459	515	912
2010	528	237	364	504	716	864

按收入水平分组农村居民家庭人均交通和通信支出(2001~2010)
Per Capita Consumption Expenditures on Transport and Communication of Rural Households by 5 Income Levels

表3-24

单位:元(Unit: yuan)

年 份 Year	总平均 Total Average	低收入户 Low Income	较低收入户 Medium-low Income	中等收入户 Medium Income	较高收入户 Medium-high Income	高收入户 High Income
2001	340	215	193	331	418	585
2002	462	190	315	411	532	915
2003	587	274	361	555	786	1 026
2004	720	325	442	594	728	1 627
2005	739	357	530	780	852	1 196
2006	780	462	556	734	839	1 378
2007	884	411	614	710	998	1 783
2008	880	435	664	904	869	1 585
2009	1 212	461	672	774	1 644	2 649
2010	1 459	496	930	1 385	2 131	2 495

按收入水平分组农村居民家庭人均文化教育娱乐用品及服务支出(2001~2010)
Per Capita Consumption Expenditures on Education, Culture and Recreation Articles and Services of Rural Households by 5 Income Levels

表3-25

单位:元(Unit: yuan)

年 份 Year	总平均 Total Average	低收入户 Low Income	较低收入户 Medium-low Income	中等收入户 Medium Income	较高收入户 Medium-high Income	高收入户 High Income
2001	673	341	464	700	887	1 038
2002	661	275	512	700	743	1 140
2003	676	316	567	672	867	1 007
2004	806	315	608	808	983	1 398
2005	936	491	938	831	978	1 454
2006	920	539	756	723	1 137	1 524
2007	857	491	607	796	915	1 554
2008	850	357	746	1 001	804	1 377
2009	943	391	829	977	935	1 635
2010	1 012	545	894	1 029	1 013	1 644

按收入水平分组农村居民家庭人均医疗保健支出(2001～2010)
Per Capita Consumption Expenditures on Medical and Health Services of Rural Households by 5 Income Levels

表 3－26

单位:元(Unit: yuan)

年 份 Year	总平均 Total Average	低收入户 Low Income	较低收入户 Medium-low Income	中等收入户 Medium Income	较高收入户 Medium-high Income	高收入户 High Income
2001	265	219	183	229	350	359
2002	280	193	238	221	349	418
2003	333	213	189	400	455	432
2004	425	453	451	304	466	454
2005	562	389	462	414	462	1 117
2006	549	266	351	406	1 005	765
2007	571	438	337	456	561	1 122
2008	697	433	498	533	960	1 110
2009	739	755	309	819	751	1 088
2010	585	407	523	423	546	1 099

按收入水平分组农村居民家庭人均其他商品和服务支出(2001～2010)
Per Capita Consumption Expenditures on Other Commodities and Services of Rural Households by 5 Income Levels

表 3－27

单位:元(Unit: yuan)

年 份 Year	总平均 Total Average	低收入户 Low Income	较低收入户 Medium-low Income	中等收入户 Medium Income	较高收入户 Medium-high Income	高收入户 High Income
2001	150	91	104	93	187	300
2002	137	45	82	108	105	369
2003	86	46	45	74	97	182
2004	117	48	83	100	123	247
2005	204	115	125	189	149	457
2006	176	66	107	174	143	418
2007	249	73	79	220	209	711
2008	179	69	123	89	371	255
2009	191	172	129	153	178	336
2010	210	171	133	132	239	407

农村居民家庭人均生活消费支出(1993～2000)
Per Capita Consumption Expenditures of Rural Households

表3－28 单位:元(Unit: yuan)

指 标	Indicators	1993	1994	1995	1996	1997	1998	1999	2000
生活消费支出	**Consumption Expenditures**	**2 200**	**2 715**	**3 368**	**3 868**	**4 228**	**4 207**	**3 867**	**4 138**
食 品	**Food**	**1 022**	**1 315**	**1 491**	**1 657**	**1 756**	**1 775**	**1 669**	**1 823**
#主 食	Staple Food	282	397	379	431	366	370	307	275
副 食	Non-staple Food	416	535	646	709	833	803	762	819
在外饮食	Dining Out	46	59	91	98	112	130	119	181
衣 着	**Clothing**	**157**	**213**	**233**	**256**	**267**	**239**	**202**	**201**
#服 装	Garment	89	125	134	143	153	143	124	116
衣着材料	Clothing Materials	20	24	26	28	26	21	13	9
鞋袜帽类	Shoes, Socks and Hats	36	48	57	66	68	58	53	55
衣着加工修理费	Garment Processing Service	3	5	5	7	8	7	5	5
居 住	**Housing**	**357**	**454**	**761**	**816**	**921**	**876**	**681**	**724**
#住 房	House	267	363	668	680	734	686	484	373
#建筑材料	Construction and Decoration Materials	118	213	253	337	284	241	181	156
房 租	Rent	1	1	1	1	1	11	8	6
电 费	Electricity	13	23	37	49	62	78	85	79
燃 料	Fuels	51	30	30	39	48	58	69	89
家庭设备用品及服务	**Households Facilities and Services**	**259**	**267**	**284**	**363**	**338**	**369**	**389**	**225**
#耐用消费品	Durable Consumer Goods	131	147	167	215	169	210	260	287
室内装饰品	Interior Decorations	6	7	11	15	19	8	4	
床上用品	Bed Articles	12	13	14	18	20	19	17	14
家庭日用杂品	Daily Use Household Articles	94	89	72	95	107	96	94	70
交通和通信	**Transport and Communication**	**65**	**79**	**159**	**200**	**240**	**226**	**197**	**279**
#交通工具	Transport Tools	48	45	73	92	104	78	48	70
通讯工具	Communication Tools	6	21	54	59	35	34	21	40
交通费	Transport Fee	7	8	13	16	20	26	27	37
邮电费	Postal Fee	1	2	9	25	70	77	89	109
文教娱乐用品及服务	**Culture, Education and Recreation Articles and Services**	**220**	**222**	**256**	**347**	**414**	**463**	**474**	**559**
#文娱用机电消费品	Electrical Goods for Culture and Recreation	88	51	63	54	82	98	105	91
学杂费	Tuition	99	135	166	250	287	312	317	416
技术培训费	Technical Training Fee	18	18	5	15	11	8	11	19
文娱费	Culture and Recreation Fee	5	5	9	10	15	21	15	3
医疗保健	**Medical and Health Services**	**50**	**75**	**73**	**108**	**174**	**170**	**160**	**209**
#医药卫生保健用品	Medicine and Health Care Articles	24	27	34	41	77	49	46	136
医疗保健服务费	Medical and Health Care Services	26	48	37	63	89	113	109	47
其他商品和服务	**Other Commodities and Services**	**70**	**90**	**111**	**121**	**118**	**89**	**95**	**118**
#商品性支出	Commodities	49	47	43	41	47	36	42	43
#化妆品	Cosmetics	1	1	3	4	4	5	4	6
金银珠宝饰品	Gold and Silver Jewelry	43	40	36	32	37	28	34	18

农村居民家庭人均生活消费支出(2001～2010)
Per Capita Consumption Expenditures of Rural Households

表3－29 单位:元(Unit: yuan)

指 标	Indicators	2001	2002	2003	2004	2005
生活消费支出	**Consumption Expenditures**	**4 753**	**5 311**	**5 670**	**6 329**	**7 265**
食 品	**Food**	**1 915**	**1 872**	**2 004**	**2 191**	**2 676**
#粮 食	Grain	284	205	212	278	247
食用油	Edible Oil	44	44	61	68	68
蔬菜及制品	Vegetables and Their Products	123	133	130	129	182
肉禽蛋奶及制品	Meat, Poultry, Eggs and Milk and Their Products	393	377	404	448	668
水产品及制品	Aquatic Products	209	202	214	225	295
烟 酒	Cigarettes and Liquors	305	304	344	353	442
在外饮食	Dining Out	204	236	306	350	337
衣 着	**Clothing**	**226**	**226**	**250**	**280**	**367**
#服 装	Garments	121	127	166	187	254
鞋 类	Shoes	58	54	54	57	71
居 住	**Housing**	**890**	**1 392**	**1 437**	**1 446**	**1 323**
#居住消费品	Consumption Goods for Housing	644	1103	1124	1102	961
居住消费服务	Consumption Services for Housing	246	289	313	344	362
生活用水	Water	21	22	23	29	36
生活用电	Electricity	91	95	121	144	198
家庭设备用品及服务	**Household Facilities and Services**	**294**	**281**	**297**	**344**	**458**
#家庭设备用品	Household Facilities	287	274	283	329	421
交通和通信	**Transport and Communication**	**340**	**462**	**587**	**720**	**739**
#交通和通讯用品	Transport and Communication Tools	129	214	262	331	279
#交通工具	Transport Tools	61	90	129	204	136
交通和通讯服务	Transport and Communication Services	211	247	325	390	461
#交通消费服务	Transport Services	63	71	97	108	149
#交通客运费	Passenger Transport Fee	35	36	56	57	102
通讯消费服务	Communication Services	148	176	228	281	312
#通讯费	Communication Fee			223	276	304
文教娱乐用品及服务	**Culture, Education and Recreation Articles and Services**	**673**	**661**	**676**	**806**	**936**
#文化教育娱乐用品	Culture, Education and Recreation Articles	149	140	143	183	200
教育服务	Education Services	500	504	478	535	632
#学杂费	Tuition	482	481	415	460	513
文化体育娱乐服务	Culture, Sports and Recreation Services	24	17	54	88	105
#旅 游	Tourism	0	0	20	53	56
医疗保健	**Medical and Health Services**	**265**	**280**	**333**	**425**	**562**
#医疗保健用品	Medical and Health Care Articles	160	162	122	124	214
#药品	Medicines	157	156	111	109	165
医疗保健服务	Medical and Health Care Services	105	118	210	301	348
#医疗费	Medical Fee	66	87	201	290	338
其他商品和服务	**Other Commodities and Services**	**150**	**137**	**86**	**117**	**204**

注：2001、2002年“旅游支出”列支在“其他消费服务支出”支出

Note: Tourism is included in Other Consumption Expenditures on Services in 2001 and 2002.

表 3－29 续表 Continued

单位:元(Unit: yuan)

指 标	Indicators	2006	2007	2008	2009	2010
生活消费支出	**Consumption Expenditures**	**8 006**	**8 845**	**9 115**	**9 804**	**10 225**
食 品	**Food**	**3 024**	**3 259**	**3 732**	**3 639**	**3 807**
#粮 食	Grain	292	305	297	301	340
食用油	Edible Oil	64	90	130	94	92
蔬菜及制品	Vegetables and Their Products	201	223	239	275	294
肉禽蛋奶及制品	Meat, Poultry, Eggs and Milk and Their Products	670	759	932	932	958
水产品及制品	Aquatic Products	365	346	380	400	403
烟 酒	Cigarettes and Liquors	490	501	518	535	554
在外饮食	Dining Out	448	528	686	503	517
衣 着	**Clothing**	**418**	**476**	**467**	**496**	**554**
#服 装	Garments	287	325	319	338	385
鞋 类	Shoes	86	100	100	108	115
居 住	**Housing**	**1 658**	**2 097**	**1 806**	**2 103**	**2 070**
#居住消费品	Consumption Goods for Housing	1 166	1 492	1 248	1 484	1 449
居住消费服务	Consumption Services for Housing	492	606	558	619	621
生活用水	Water	45	57	63	71	81
生活用电	Electricity	237	270	301	311	350
家庭设备用品及服务	**Household Facilities and Services**	**481**	**452**	**504**	**481**	**528**
#家庭设备用品	Household Facilities	431	414	462	440	493
交通和通信	**Transport and Communication**	**780**	**884**	**880**	**1 212**	**1 459**
#交通和通讯用品	Transport and Communication Tools	270	346	341	672	890
#交通工具	Transport Tools	115	155	171	503	675
交通和通讯服务	Transport and Communication Services	510	537	539	540	569
#交通消费服务	Transport Services	164	168	174	181	194
#交通客运费	Passenger Transport Fee	123	127	134	141	142
通讯消费服务	Communication Services	346	370	364	359	375
#通讯费	Communication Fee	335	360	362	356	373
文教娱乐用品及服务	**Culture, Education and Recreation Articles and Services**	**920**	**857**	**850**	**943**	**1 012**
#文化教育娱乐用品	Culture, Education and Recreation Articles	182	217	201	235	225
教育服务	Education Services	623	525	467	419	464
#学杂费	Tuition	505	407	311	291	365
文化体育娱乐服务	Culture, Sports and Recreation Services	114	115	182	289	322
#旅 游	Tourism	71	67	70	117	136
医疗保健	**Medical and Health Services**	**549**	**571**	**697**	**739**	**585**
#医疗保健用品	Medical and Health Care Articles	204	176	209	308	213
#药 品	Medicines	151	128	165	244	168
医疗保健服务	Medical and Health Care Services	346	395	488	431	372
#医疗费	Medical Fee	338	385	476	422	360
其他商品和服务	**Other Commodities and Services**	**176**	**249**	**179**	**191**	**210**

Chapter 4
第四篇

城市资源与经济
Urban Resources and Economy

城市人口和就业
Urban Population and Employment

表 4 - 1 单位:万人(Unit: 10 000 persons)

年 份 Year	年末常住人口 Year-end Resident Population	年末户籍人口 Year-end Registered Population	# 非农业人口 Non-agriculture	从业人员 Employees	职工人数 Staff and Workers
1978	1 104.00	1 098.28	645.23	698.32	422.81
1979	1 137.00	1 132.14	687.38	712.59	432.05
1980	1 152.00	1 146.52	702.43	730.77	446.92
1981	1 168.00	1 162.84	715.08	750.22	464.45
1982	1 186.00	1 180.51	731.31	764.03	475.16
1983	1 201.00	1 194.01	745.86	768.90	483.01
1984	1 217.00	1 204.78	760.75	769.79	487.44
1985	1 233.00	1 216.69	776.37	775.53	492.55
1986	1 249.00	1 232.33	802.56	782.99	500.22
1987	1 265.00	1 249.51	822.31	788.12	505.36
1988	1 288.00	1 262.42	838.93	792.13	509.76
1989	1 311.00	1 276.45	855.84	784.96	505.79
1990	1 334.00	1 283.35	864.46	787.72	508.10
1991	1 350.00	1 287.20	869.88	798.13	517.73
1992	1 365.00	1 289.37	875.55	806.91	511.16
1993	1 381.00	1 294.74	893.46	787.25	490.35
1994	1 398.00	1 298.81	910.49	786.04	478.65
1995	1 414.00	1 301.37	921.70	794.19	470.56
1996	1 451.00	1 304.43	932.14	851.21	456.75
1997	1 490.00	1 305.46	943.03	847.25	435.27
1998	1 527.00	1 306.58	953.65	836.21	412.61
1999	1 567.00	1 313.12	969.63	812.09	405.40
2000	1 608.60	1 321.63	986.16	828.35	390.14
2001	1 668.33	1 327.14	999.07	752.26	375.37
2002	1 712.97	1 334.23	1 018.81	792.04	373.42
2003	1 765.84	1 341.77	1 041.39	813.05	358.59
2004	1 834.98	1 352.39	1 097.60	836.87	335.70
2005	1 890.26	1 360.26	1 148.94	863.32	420.12
2006	1 964.11	1 368.08	1 173.30	885.51	500.94
2007	2 063.58	1 378.86	1 196.94	909.08	522.67
2008	2 140.65	1 391.04	1 216.56	1 053.24	554.39
2009	2 210.28	1 400.70	1 236.16	1 064.42	566.39
2010	2 302.66	1 412.32	1 254.95	1 090.76	648.49

注:1. 常住人口数据 1982 年、1990 年、2000 年和 2010 年是人口普查数据,1987 年、1995 年和 2005 年是 1% 人口抽样调查推算数据,其余是估计数。
2. 2005 年职工人数中包括规模在 150 人以上的私营企业职工,2006、2007 年职工人数中包括规模在 120 人以上的私营企业职工。

Note: 1. Resident Population figures come from Population Censuses in 1982, 1990, 2000 and 2010; Sample Survey Data of 1% Population in 1987, 1995 and 2005; and estimations in other years.
2. Staff and Workers figure in 2005 includes those work for private enterprises each having more than 150 employees; but in 2006 and 2007, the figures include those who work for private enterprises each having more than 120 employees.

上海市人均生产总值
Per Capita Gross Domestic Product

表 4－2

年　份 Year	上海市生产总值(亿元) Gross Domestic Product (100 million yuan)	人均生产总值(元) Per Capita Gross Domestic Product(yuan)	人均生产总值指数 Per Capita Gross Domestic Product Indices	
			以 1978 年为 100 (1978＝100)	以上年为 100 (preceding year ＝100)
1978	272.81	2 485	100.0	114.9
1979	286.43	2 556	105.3	105.3
1980	311.89	2 725	111.8	106.2
1981	324.76	2 800	116.5	104.2
1982	337.07	2 864	123.0	105.6
1983	351.81	2 947	130.7	106.3
1984	390.85	3 232	144.0	110.2
1985	466.75	3 811	161.3	112.0
1986	490.83	3 956	166.1	103.0
1987	545.46	4 340	176.2	106.1
1988	648.30	5 080	191.0	108.4
1989	696.54	5 362	193.3	101.2
1990	781.66	5 911	196.6	101.7
1991	893.77	6 661	207.6	105.6
1992	1 114.32	8 208	235.6	113.5
1993	1 519.23	11 061	268.1	113.8
1994	1 990.86	14 328	303.2	113.1
1995	2 499.43	17 779	342.3	112.9
1996	2 957.55	20 647	380.0	111.0
1997	3 438.79	23 397	417.6	109.9
1998	3 801.09	25 206	448.9	107.5
1999	4 188.73	27 071	483.0	107.6
2000	4 771.17	30 047	522.6	108.2
2001	5 210.12	31 799	559.7	107.1
2002	5 741.03	33 958	603.9	107.9
2003	6 694.23	38 486	658.9	109.1
2004	8 072.83	44 839	727.4	110.4
2005	9 247.66	49 649	781.2	107.4
2006	10 572.24	54 858	851.5	109.0
2007	12 494.01	62 041	939.2	110.3
2008	14 069.87	66 932	987.1	105.1
2009	15 046.45	69 164	1 032.5	104.6
2010	17 165.98	76 074	1 098.6	106.4

注：1978 年～1992 年的人均生产总值按户籍人口计算，1993 年以后按半年以上常住人口计算。

Note: Per Capita Gross Domestic Product are calculated according to the registered population from 1978 to 1992 and according to the resident population (people who live in the city for more than six months) after 1993.

上海市生产总值分配
Gross Domestic Product by Distribution

表 4 - 3 单位:亿元(Unit: 100 million yuan)

年 份 Year	上海市生产总值 Gross Domestic Product	政府所得 State-owned	企业所得 Collective-owned	个人所得 Personal-owned
1996	2 957.55	725.27	980.04	1 252.24
1997	3 438.79	1 000.07	1 059.09	1 379.63
1998	3 801.09	1 100.75	1 175.22	1 525.12
1999	4 188.73	1 217.92	1 286.23	1 684.58
2000	4 771.17	1 483.36	1 448.83	1 838.98
2001	5 210.12	1 625.56	1 587.93	1 996.63
2002	5 741.03	1 798.64	1 739.11	2 203.28
2003	6 694.23	2 195.62	2 008.80	2 489.81
2004	8 072.83	2 659.12	2 423.58	2 990.13
2005	9 247.66	3 059.06	2 682.19	3 506.41
2006	10 572.24	3 553.50	3 024.49	3 994.25
2007	12 494.01	4 165.64	3 697.25	4 631.12
2008	14 069.87	4 875.46	3 755.03	5 439.38
2009	15 046.45	5 290.46	3 827.42	5 928.57
2010	17 165.98	5 767.76	4 090.32	7 307.90

上海市生产总值分配构成
Composition of Gross Domestic Product by Distribution

表 4 - 4 单位:%

年 份 Year	上海市生产总值 Gross Domestic Product	政府所得 State-owned	企业所得 Collective-owned	个人所得 Personal-owned
1996	100.0	24.5	33.1	42.3
1997	100.0	29.1	30.8	40.1
1998	100.0	29.0	30.9	40.1
1999	100.0	29.1	30.7	40.2
2000	100.0	31.1	30.4	38.5
2001	100.0	31.2	30.5	38.3
2002	100.0	31.3	30.3	38.4
2003	100.0	32.8	30.0	37.2
2004	100.0	32.9	30.0	37.0
2005	100.0	33.1	29.0	37.9
2006	100.0	33.6	28.6	37.8
2007	100.0	33.3	29.6	37.1
2008	100.0	34.7	26.7	38.7
2009	100.0	35.2	25.4	39.4
2010	100.0	33.6	23.8	42.6

财政收支
Fiscal Revenue and Expenditure

表 4 –5　　单位:亿元(100 million yuan)

年　份 Year	地方财政收入 Local Fiscal Revenue	#税收收入 Taxes	非税收入 Non-taxes	地方财政支出 Local Fiscal Expenditure
1978	169.22	51.51	117.71	26.01
1979	172.69	53.73	118.96	27.06
1980	174.73	57.59	117.14	19.18
1981	174.35	62.93	111.42	19.06
1982	167.99	65.79	102.20	20.68
1983	156.39	110.05	46.34	22.39
1984	163.96	137.67	26.29	30.32
1985	184.23	185.76	-1.53	46.07
1986	179.46	177.90	1.56	59.08
1987	168.97	167.26	1.71	53.85
1988	161.62	182.42	-20.80	65.88
1989	166.88	190.21	-23.33	73.31
1990	166.99	183.31	-16.32	75.56
1991	175.53	182.88	-7.35	86.05
1992	185.56	188.61	-3.05	94.99
1993	242.34	252.99	-10.65	129.26
1994	175.33	196.60	-21.27	196.98
1995	227.30	240.06	-12.76	267.89
1996	288.49	308.26	-19.77	342.66
1997	352.33	369.23	-16.90	428.92
1998	392.22	406.73	-14.51	480.70
1999	431.85	427.23	4.62	546.38
2000	497.96	484.00	13.96	622.84
2001	620.24	589.91	30.33	726.38
2002	719.79	657.70	62.09	877.84
2003	899.29	796.87	102.42	1 102.64
2004	1 119.72	1 036.23	83.49	1 395.69
2005	1 433.90	1 238.40	195.50	1 660.32
2006	1 600.37	1 393.97	206.40	1 813.80
2007	2 102.63	1 975.48	127.15	2 201.92
2008	2 382.34	2 223.43	158.91	2 617.68
2009	2 540.30	2 368.45	171.85	2 989.65
2010	2 873.58	2 707.80	165.78	3 302.89

全社会固定资产投资总额
Total Investment in Fixed Assets

表 4 -6 单位:亿元(Unit: 100 million yuan)

年 份 Year	合 计 Total	#基本建设 Capital Construction	#更新改造 Technical Upgrade and Transformation	#其他投资 Other Investment	#房地产开发 Investment in Real Estate
1978	27.91	14.46	5.60	3.77	
1979	35.58	21.13	7.69	3.26	
1980	45.43	25.73	11.30	3.24	
1981	54.60	30.80	11.18	3.02	
1982	71.34	43.63	14.41	3.58	
1983	75.94	43.01	17.44	4.56	
1984	92.30	47.42	22.56	5.82	
1985	118.56	57.05	35.61	3.26	
1986	146.93	71.37	46.83	4.26	
1987	186.30	92.10	57.39	4.02	0.97
1988	245.27	115.55	76.95	4.55	1.68
1989	214.76	111.76	61.88	3.42	1.85
1990	227.08	108.54	71.77	3.77	8.16
1991	258.30	108.90	95.21	3.91	7.59
1992	357.38	129.60	126.84	6.52	12.71
1993	653.91	273.64	220.30	9.91	22.04
1994	1 123.29	511.24	304.01	13.99	117.43
1995	1 601.79	551.86	389.20	16.33	466.20
1996	1 952.05	651.28	415.73	12.43	657.79
1997	1 977.59	762.00	386.24	7.43	614.23
1998	1 964.83	844.15	365.01	13.44	577.12
1999	1 856.72	786.81	393.59	9.88	514.83
2000	1 869.67	703.50	396.26	21.21	566.17
2001	1 994.73	712.49	436.84	30.70	630.73
2002	2 187.06	784.13	422.58	54.93	748.89
2003	2 452.11	927.29	388.01	57.01	901.24
2004	3 084.66	1 721.56			1 175.46
2005	3 542.55	1 984.61			1 246.86
2006	3 925.09	2 246.93			1 275.59
2007	4 458.61	2 775.81			1 307.53
2008	4 829.45	3 044.46			1 366.87
2009	5 273.33	3 384.31			1 464.18
2010	5 317.67	2 858.56			1 980.68

注:1. 2004 年起,全社会投资由城镇投资和农村投资两部分组成。其中城镇投资包括建设改造投资和房地产开发投资,农村投资包括农村集体和农村私人建房。
2. 2004 年起,基本建设、更新改造合并称为建设改造投资。

Note: 1. Since 2004, total investment in fixed assets is composed of two parts, namely, urban investment and rural investment. Urban investment includes construction and urban revamping investment and real estate investment; and rural investment includes rural collectives and household investment in housing.
2. Starting from 2004, investment in Capital Construction and investment in Technical Upgrade and Transformation have been merged into investment in Construction and Transformation.

社会消费品零售总额
Total Retail Sales of Consumer Goods

表 4－7　　单位：亿元（Unit：100 million yuan）

年　份 Year	社会消费品零售总额 Total Retail Sales of Consumer Goods	食品类 Foods	衣着类 Clothing	用品类 Articles	燃料类 Fuels
1978	54.10	26.51	11.60	15.16	0.83
1979	68.28	30.05	16.07	21.28	0.88
1980	80.43	34.30	19.75	25.44	0.94
1981	88.73	38.78	21.27	27.73	0.95
1982	89.80	40.72	19.57	28.52	0.99
1983	100.68	44.20	22.31	33.18	0.99
1984	123.72	50.18	27.71	44.81	1.02
1985	173.39	64.08	35.51	72.70	1.10
1986	196.84	76.99	39.38	79.31	1.16
1987	225.25	91.01	42.52	90.41	1.31
1988	295.83	119.36	53.66	121.17	1.64
1989	331.38	140.03	51.95	137.70	1.70
1990	333.86	142.15	52.33	137.23	2.15
1991	382.06	162.82	52.91	163.30	3.03
1992	464.82	190.70	67.04	202.83	4.25
1993	675.92	259.93	101.30	309.26	5.43
1994	834.76	325.44	123.89	378.86	6.57
1995	1 050.96	407.44	153.74	481.96	7.82
1996	1 258.00	490.97	178.80	579.12	9.11
1997	1 435.38	564.62	200.62	659.61	10.53
1998	1 593.27	640.84	212.85	728.22	11.36
1999	1 722.33	694.03	228.18	787.62	12.50
2000	1 865.28	743.31	248.94	858.33	14.70
2001	2 016.37	802.53	266.31	931.02	16.51
2002	2 203.89	874.76	289.43	1 021.84	17.85
2003	2 404.45	939.29	309.70	1 135.27	20.19
2004	2 656.91	1 043.26	341.28	1 247.39	24.98
2005	2 979.50	1 026.70	335.30	1 563.15	54.35
2006	3 375.20	1 119.77	379.83	1 770.75	104.85
2007	3 873.30	1 204.70	435.88	2 032.07	200.65
2008	4 577.23	1 383.63	515.09	2 401.39	277.12
2009	5 173.24	1 609.01	582.17	2 714.06	268.00
2010	6 070.50	1 830.64	686.15	3 197.85	355.86

注：2005 年～2009 年社会消费品零售总额及分组依二经普数据，按国家统计局规定进行了修订。

Note：Total Retail Sales of Consumer Goods and its categories from 2005 to 2009 have been adjusted in line with the Second Economic Census according to the regulation of the National Bureau of Statistics.

上海市出口总额
Total Value Of Foreign Trade Exports

表 4 – 8 单位：亿美元（Unit：100 million USD）

年 份 Year	上海市出口总额 Total Value Of Exports	#一般贸易 Ordinary Trade	#加工贸易 Processing Trade
1990	53.21	29.03	24.07
1991	57.40	38.37	19.01
1992	65.55	53.07	6.60
1993	73.82	53.03	15.47
1994	90.77	55.77	22.16
1995	115.77	53.49	61.36
1996	132.38	54.14	76.65
1997	147.24	56.1	88.93
1998	159.56	60.47	96.34
1999	187.85	69.72	115.18
2000	253.54	101.72	147.83
2001	276.28	110.71	157.28
2002	320.55	137.14	174.24
2003	484.82	194.17	276.31
2004	735.20	273.46	427.74
2005	907.42	339.11	518.84
2006	1 135.73	433.04	637.69
2007	1 439.28	539.27	796.75
2008	1 693.50	642.16	917.99
2009	1 419.14	488.62	814.63
2010	1 807.84	632.74	1 003.74

Chapter 5
第五篇

价格指数
Price Indices

各种价格指数(1978 ~ 2010,以上年价格为100)
Price Indices (preceding year = 100)

表5-1

年份 year	居民消费价格指数 Residents Consumer Price Indices	商品零售价格指数 Retail Price Indices	工业品出厂价格指数 Producer Price Indices of Industrial Products	原材料燃料动力购进价格指数 Purchasing Price Indices of Raw Materials, Fuels and Power	固定资产投资价格指数 Price Indices of Investment in Fixed Assets	房屋租赁价格指数 Real Estate Rent and Leasing Price Indices	土地交易价格指数 Land Transaction Price Indices
1978	100.5	100.1					
1979	100.9	101.0					
1980	105.9	106.5					
1981	101.4	101.5					
1982	100.3	100.3					
1983	100.2	100.1					
1984	102.2	102.2					
1985	115.2	116.4					
1986	106.3	106.7					
1987	108.1	108.8					
1988	120.1	121.3					
1989	115.9	116.7					
1990	106.3	104.8					
1991	110.5	109.5					
1992	110.0	109.7	110.4	109.6			
1993	120.2	117.5	128.0	129.2	131.4		
1994	123.9	117.5	118.2	121.6	108.8		
1995	118.7	113.0	107.9	113.3	103.1		
1996	109.2	105.0	97.6	97.6	107.0		
1997	102.8	98.8	97.8	98.6	100.5		
1998	100.0	95.1	93.9	94.1	98.4	92.2	95.5
1999	101.5	97.3	97.6	97.1	98.1	89.9	93.3
2000	102.5	96.4	102.5	107.1	100.0	95.8	91.9
2001	100.0	98.6	96.7	98.7	100.7	104.9	97.2
2002	100.5	98.7	96.4	97.7	100.3	99.0	106.3
2003	100.1	99.0	101.4	106.4	102.4	102.1	115.1
2004	102.2	100.9	103.6	116.4	106.7	105.5	120.3
2005	101.0	99.4	101.7	106.8	100.8	103.6	106.9
2006	101.2	100.2	100.6	104.8	100.1	104.0	101.2
2007	103.2	102.4	101.2	104.1	103.5	105.1	107.8
2008	105.8	105.3	102.2	110.3	107.9	104.6	107.9
2009	99.6	99.4	93.8	89.8	97.0	100.6	102.2
2010	103.1	101.7	102.3	111.2	103.8	104.4	118.9

注:1. 国家统计局从1991年开始实施工业品价格和原材料燃料动力购进价格调查。
2. 国家统计局从1991年开始实施固定资产投资价格调查,从1997年开始实施房地产价格调查。

Note: 1. The National Bureau of Statistics has introduced survey of Industrial Product Price and Purchasing Price of Raw Materials, Fuels and Power since 1991.
2. The National Bureau of Statistics has conducted survey of Fixed Assets Investment Price since 1991 and survey of Real Estate Price since 1997.

各种价格定基指数(1978～2010)

表 5－2

年　份 year	居民消费价格指数 (以 1978 年价格为 100) Residents Consumer Price Indices (1978＝100)	商品零售价格指数 (以 1978 年价格为 100) Retail Price Indices (1978＝100)	工业品出厂价格指数 (以 1991 年价格为 100) Producer Price Indices of Industrial Products (1991＝100)
1978	100.0	100.0	
1979	100.9	101.1	
1980	106.9	107.6	
1981	108.3	109.2	
1982	108.7	109.5	
1983	108.9	109.6	
1984	111.3	112.0	
1985	128.2	130.4	
1986	136.3	139.1	
1987	147.3	151.4	
1988	176.9	183.6	
1989	205.1	214.3	
1990	218.0	224.6	
1991	240.9	245.9	100.0
1992	265.0	269.8	110.4
1993	318.5	317.0	141.3
1994	394.6	372.4	167.0
1995	468.4	420.9	180.2
1996	511.5	441.9	175.8
1997	525.8	436.6	172.0
1998	525.8	415.2	161.4
1999	533.7	404.0	157.5
2000	547.0	389.5	161.5
2001	547.0	384.0	156.2
2002	549.8	379.0	150.6
2003	550.3	375.2	152.7
2004	562.2	378.6	158.3
2005	567.6	376.5	161.1
2006	574.5	377.2	162.1
2007	592.6	386.5	163.9
2008	626.8	407.1	167.5
2009	624.3	404.8	157.2
2010	643.6	411.7	160.8

Fixed-base Price Indices

原材料燃料动力购进价格指数（以1991年价格为100）Purchasing Price Indices of RawMaterials, Fuels and Power (1991 = 100)	固定资产投资价格指数（以1992年价格为100）Price Indices of Investment in Fixed Assets (1992 = 100)	房屋租赁价格指数（以1997年价格为100）Real Estate Rent and Leasing Price Indices (1997 = 100)	土地交易价格指数（以1997年价格为100）Land Transaction Price Indices (1997 = 100)
100.0			
109.6	100.0		
141.7	131.4		
172.3	143.0		
195.1	147.4		
190.4	157.7		
187.8	158.5	100.0	100.0
176.7	156.0	92.2	95.5
171.6	153.0	82.9	89.1
183.8	153.0	79.4	81.9
181.5	154.1	83.3	79.6
177.3	154.6	82.5	84.6
188.7	158.3	84.2	97.4
219.6	168.9	88.9	117.2
234.6	170.2	92.0	125.3
245.8	170.4	95.7	126.8
255.9	176.3	100.6	136.7
282.2	190.2	105.3	147.4
253.5	184.5	105.9	150.7
281.8	191.5	110.6	179.1

居民消费分类价格指数(1978～2010,以上年价格为100)

表5－3

年　份 Year	居民消费价格指数 Residents Consumer Price Indices	食　品 Food	烟酒及用品 Cigarettes, Liquors and Related Items	衣　着 Clothing
1978	100.5	100.1		99.9
1979	100.9	101.7		100.0
1980	105.9	106.6		99.9
1981	101.4	101.3		99.4
1982	100.3	101.9		97.0
1983	100.2	101.6		94.3
1984	102.2	103.4		99.9
1985	115.2	125.1		100.5
1986	106.3	109.9		101.6
1987	108.1	111.2		107.5
1988	120.1	124.7		121.8
1989	115.9	113.3		123.8
1990	106.3	103.6		110.9
1991	110.5	112.7		106.3
1992	110.0	113.1		109.8
1993	120.2	121.1		119.2
1994	123.9	130.2		117.4
1995	118.7	124.4		109.0
1996	109.2	109.7		108.8
1997	102.8	99.3		101.0
1998	100.0	97.7		93.0
1999	101.5	97.6		98.2
2000	102.5	98.1		94.9
2001	100.0	100.3	98.9	98.9
2002	100.5	102.9	98.9	97.5
2003	100.1	101.3	99.8	97.5
2004	102.2	108.3	98.3	94.2
2005	101.0	104.5	99.7	92.1
2006	101.2	102.5	100.2	106.4
2007	103.2	109.4	100.7	101.3
2008	105.8	115.3	101.7	101.6
2009	99.6	102.1	100.8	99.3
2010	103.1	107.7	101.1	98.6

注：1. 家庭设备用品及维修服务:1978～1993年为日用品类,1994～2000年为家庭设备及用品类。
2. 医疗保健和个人用品:1978～1993年为药及医药用品类,1994～2000年为医疗保健类。
3. 交通和通信:1994～2000年为交通和通信工具类。
4. 娱乐教育文化用品及服务:1978～1993年为文化娱乐用品类,1994～2000年为娱乐教育文化用品类。

Note: 1. Household Facilities, Articles and Repair Services is Daily Use Articles from 1978 to 1993 and Household Facilities and Articles from 1994 to 2000.
2. Medical and Health Services and Personal Articles is Medicines and Medical Products from 1978 to 1993 and Medical and Health Care from 1994 to 2000,
3. Transport and Communication is Tools of Transport and Communication from 1994 to 2000.
4. Recreation, Education, Culture Articles and Services is Culture and Recreation Articles from 1978 to 1993 and Recreation, Education and Culture Articles from 1994 to 2000.

Consumer Price Indices by Category(preceding year = 100)

家庭设备用品及维修服务 Household Facilities, Articles and Repair Services	医疗保健和个人用品 Medical and Health Services and Personal Articles	交通和通信 Transport and Communication	娱乐教育文化用品及服务 Recreation, Education, Culture Articles and Services	居 住 Housing
100.2	100.0		100.0	
100.2	99.5		101.5	
100.1	99.3		100.3	
99.3	100.5		100.2	
96.2	108.7		98.8	
98.6	101.9		99.4	
99.6	105.6		98.8	
102.0	103.1		99.8	
102.4	106.3		100.6	
106.2	102.6		101.3	
113.9	107.8		108.9	
108.3	115.8		135.6	
108.6	103.0		94.9	
112.5	97.7		90.8	
101.3	106.9		90.9	
108.5	107.6		99.2	
110.8	112.3	103.5	115.6	120.3
103.5	108.2	93.4	103.2	120.1
99.9	107.6	98.6	105.3	109.7
92.4	103.3	99.5	96.9	120.3
93.1	102.6	94.9	92.8	113.4
97.6	101.0	81.4	95.7	105.8
96.6	99.9	93.3	92.1	103.3
97.2	97.4	98.1	102.1	102.3
97.7	97.6	96.9	100.8	100.0
98.4	100.0	96.3	100.3	101.1
97.8	100.0	96.5	99.9	101.6
100.8	100.3	97.5	98.3	102.9
102.7	101.1	97.3	98.2	102.9
103.3	100.2	96.9	97.3	104.5
108.3	103.1	97.5	98.2	102.5
101.5	99.4	97.5	98.0	96.6
101.1	103.7	97.4	100.9	103.5

居民消费分类价格指数(1978～1993,以1978年价格为100)

表5－4

年 份 Year	居民消费价格指数 Consumer Price Indices	食 品 Food	衣 着 Clothing	日用品 Daily Use Articles
1978	100.0	100.0	100.0	100.0
1979	100.9	101.7	100.0	100.2
1980	106.9	108.4	99.9	100.3
1981	108.3	109.8	99.3	99.6
1982	108.7	111.9	96.3	95.8
1983	108.9	113.6	90.9	94.4
1984	111.3	117.5	90.8	94.0
1985	128.2	147.0	91.2	95.8
1986	136.3	161.6	92.7	98.2
1987	147.3	179.7	99.6	104.2
1988	176.9	224.1	121.3	118.7
1989	205.1	253.9	150.2	128.6
1990	218.0	263.0	166.5	139.6
1991	240.9	296.5	177.1	157.1
1992	265.0	335.2	194.4	159.1
1993	318.5	406.0	231.7	172.7

注：由于居民消费价格分类从1978年来经历三次大调整,1978～1993年、1994～2000年、2001～2007年三个阶段的居民消费价格分类内容不完全一致,因此在使用历年分类指数时注意数据口径衔接。

Note: Consumer Price Indices by Category has been adjusted for 3 times, so Consumer Price Indices by Category of the three periods (1978～1993,1994～2000 and 2001～2007) are not of the same caliber. Please notice the different calibers when use these data.

Consumer Price Indices by Category(1978 = 100)

文化娱乐用品 Culture and Recreation Articles	书报杂志 Books, newspaper and magzines	药品及医疗用品 Medicines and medical supplies	燃　料 Fuels	服务项目 Sevices
100.0	100.0	100.0	100.0	100.0
101.5	100.0	99.5	100.0	100.3
101.7	100.0	98.8	100.0	100.4
101.9	100.0	99.3	100.0	100.5
100.7	100.0	108.0	100.0	100.7
100.1	100.0	110.1	100.0	101.3
98.9	100.0	116.3	100.0	104.0
98.7	125.7	119.8	100.0	109.7
99.3	144.3	127.4	100.0	112.3
100.5	144.3	130.7	102.8	113.9
109.6	172.0	141.0	106.3	125.1
148.6	319.4	163.2	106.5	135.3
140.9	364.5	168.2	123.7	165.0
128.0	377.6	164.2	209.5	196.2
116.4	415.3	175.5	268.2	220.7
115.5	438.2	188.9	421.8	305.3

居民消费分类价格指数(1993～2000,以1993年价格为100)

表5－5

年 份 Year	居民消费价格指数 Consumer Price Indices	食 品 Food	衣 着 Clothing	家庭设备用品及维修服务 Household Facilities, Articles and Repair Services
1993	100.0	100.0	100.0	100.0
1994	123.9	130.2	117.4	110.8
1995	147.1	162.0	128.0	114.7
1996	160.6	177.7	139.2	114.6
1997	165.1	176.4	140.6	105.9
1998	165.1	172.4	130.8	98.6
1999	167.6	168.2	128.4	96.2
2000	171.8	165.0	121.9	92.9

居民消费分类价格指数(2001～2010,以2000年价格为100)

表5－6

年 份 Year	居民消费价格指数 Consumer Price Indices	食 品 Food	烟酒及用品 Cigarettes, Liquors and Related Items	衣 着 Clothing
2001	100.0	100.3	98.9	98.9
2002	100.5	103.2	97.9	96.4
2003	100.6	104.6	97.6	94.0
2004	102.8	113.2	96.0	88.6
2005	103.7	118.3	95.6	81.6
2006	105.0	121.3	95.9	86.8
2007	108.3	132.7	96.5	88.0
2008	114.6	153.0	98.1	89.4
2009	114.1	156.1	98.9	88.8
2010	117.6	168.2	100.0	87.6

Consumer Price Indices by Category(1993 = 100)

医疗保健 Medical and Health Services	交通和通信工具 Transport and Communication Tools	娱乐教育文化用品 Recreation, Education and Culture Articles	居　住 Housing	服务项目 Services
100.0	100.0	100.0	100.0	100.0
112.3	103.5	115.6	120.3	120.6
121.5	96.7	119.3	144.5	150.4
130.7	95.3	125.6	158.5	178.8
135.1	94.8	121.7	190.7	219.8
138.6	90.0	113.0	216.2	251.4
140.0	73.3	108.1	228.8	306.5
139.9	68.4	99.6	236.4	399.7

Consumer Price Indices by Category(2000 = 100)

家庭设备用品及维修服务 Household Facilities, Articles and Repair Services	医疗保健和个人用品 Medical and Health Services and Personal Articles	交通和通信 Transport and Communication	娱乐教育文化用品及服务 Recreation, Education and Culture Articlesand Services	居　住 Housing
97.2	97.4	98.1	102.1	102.3
94.9	95.1	95.0	102.9	102.3
93.4	95.1	91.5	103.2	103.4
91.4	95.0	88.4	103.2	105.1
92.1	95.3	86.2	101.4	108.2
94.6	96.3	83.8	99.6	111.3
97.7	96.6	81.2	96.9	116.3
105.8	99.6	79.2	95.2	119.3
107.4	99.0	77.2	93.2	115.2
108.6	102.7	75.2	94.1	119.2

居民消费分类价格指数(2001～2010,以上年价格为100)

表5－7

指 标	Indices	2001	2002
居民消费价格指数	**Consumer Price Indices**	**100.0**	**100.5**
#消费品价格指数	Consumer Goods Price Indices	98.6	99.9
服务项目价格指数	Services Price Indices	105.4	102.8
食 品	**Food**	**100.3**	**102.9**
粮 食	Grain	102.9	98.5
淀 粉	Starch	103.6	112.0
干豆类及豆制品	Dry Beans and Bean Products	95.6	98.7
油 脂	Oil or Fat	84.5	97.3
肉禽及其制品	Meat, Poultry and Their Products	99.3	101.8
蛋	Eggs	102.4	104.5
水产品	Aquatic Products	100.1	103.1
菜	Vegetables	108.9	114.5
调味品	Flavoring	99.2	101.1
糖	Sugars	101.4	101.5
茶及饮料	Tea and Beverages	98.4	98.7
干鲜瓜果	Dried and Fresh Fruit	104.3	101.5
糕点饼干	Cakes, Biscuits and Bread	100.5	99.4
液体乳及乳制品	Milk and Its Products	100.8	98.8
在外用膳食品	Dining Out	98.0	104.0
其它食品	Other Food	99.2	100.6
烟酒及用品	**Cigarettes, Liquors and Related Items**	**98.9**	**98.9**
烟 草	Tobacco	99.2	99.0
酒	Liquors	98.2	98.2
吸烟饮酒用品	Articles for Smoking and Drinking	100.0	100.0
衣 着	**Clothing**	**98.9**	**97.5**
服 装	Garments	96.4	97.0
衣着材料	Clothing Materials	98.7	99.0
鞋袜帽	Shoes, Socks and Hats	106.2	98.4
衣着加工服务	Garment Processing Service	100.0	99.9
家庭设备用品及维修服务	**Household Facilities, Articles and Repair Services**	**97.2**	**97.7**
耐用消费品	Durable Consumer Goods	94.7	97.8
室内装饰品	Interior Decorations	101.0	98.5
床上用品	Bedding Articles	100.5	100.6
家庭日用杂品	Household Daily Use Articles	98.6	97.1
家庭服务及加工维修服务	Household Services and Processing and Repair Services	100.0	97.3
医疗保健和个人用品	**Medical and Health Services and Personal Articles**	**97.4**	**97.6**
医疗保健	Medical and Health Care	96.5	96.5
个人用品及服务	Personal Articles and Services	99.8	100.5
交通和通信	**Transport and Communication**	**98.1**	**96.9**
交 通	Transport and Communication	102.3	99.1
通 信	Communication	94.4	94.7
娱乐教育文化用品及服务	**Recreation, Education and Culture Articles and Services**	**102.1**	**100.8**
文娱用耐用消费品及服务	Durable Consumer Goods and Services for Recreation	91.2	85.9
教 育	Education	109.6	105.5
文化娱乐用类	Recreation and Culture Articles	105.2	104.4
旅 游	Tourism	96.2	108.6
居 住	**Housing**	**102.3**	**100.0**
建房及装修材料	Construction and Decoration Materials	97.5	99.6
租 房	Renting	111.0	100.0
自有住房	Self-owned House	99.8	92.3
水电燃料	Water, Electricity and Fuels	101.7	101.8

Consumer Price Indices by Category(preceding year = 100)

2003	2004	2005	2006	2007	2008	2009	2010
100.1	**102.2**	**101.0**	**101.2**	**103.2**	**105.8**	**99.6**	**103.1**
99.7	102.3	100.4	101.2	104.0	107.4	100.4	103.5
101.2	101.8	102.7	101.2	100.9	101.6	97.5	102.0
101.3	**108.3**	**104.5**	**102.5**	**109.4**	**115.3**	**102.1**	**107.7**
100.8	133.9	103.0	101.9	101.6	107.3	103.7	112.0
109.2	107.2	105.2	95.6	101.8	107.9	106.0	95.5
102.8	119.6	103.0	99.0	108.7	132.5	100.2	108.7
106.1	114.2	91.2	97.6	129.8	124.7	80.3	105.6
101.7	116.8	105.7	100.6	123.0	122.9	95.5	104.3
101.0	118.6	105.8	95.4	121.8	106.4	103.0	106.1
105.6	107.7	114.2	102.0	101.4	111.2	105.4	116.4
99.2	95.5	103.3	105.2	113.5	120.6	116.5	111.0
98.4	102.9	102.1	104.4	104.6	109.5	104.0	106.5
99.0	102.1	103.2	102.1	99.8	107.4	101.3	103.8
99.1	100.2	99.3	100.5	101.8	106.9	103.0	103.9
97.2	118.3	99.4	111.5	111.8	112.3	100.3	112.0
101.0	100.6	98.1	98.9	101.5	112.5	102.8	100.5
100.1	99.6	100.8	102.3	106.2	119.4	100.5	102.3
100.8	104.2	104.5	102.5	107.6	114.3	101.8	105.6
101.5	96.9	101.1	102.8	100.9	104.3	99.3	105.0
99.8	**98.3**	**99.7**	**100.2**	**100.7**	**101.7**	**100.8**	**101.1**
99.3	96.6	99.5	99.8	100.6	100.1	100.4	101.0
100.3	100.3	99.8	100.2	101.0	103.4	100.8	101.6
100.7	100.8	100.9	104.8	100.5	110.1	104.5	100.9
97.5	**94.2**	**92.1**	**106.4**	**101.3**	**101.6**	**99.3**	**98.6**
97.9	94.5	90.8	106.3	103.1	101.7	99.4	99.9
98.5	101.2	105.1	97.8	100.7	103.8	102.9	102.9
95.9	91.7	94.5	107.9	95.4	100.6	98.3	93.6
100.1	101.0	103.4	100.0	102.0	106.6	103.3	107.2
98.4	**97.8**	**100.8**	**102.7**	**103.3**	**108.3**	**101.5**	**101.1**
98.9	96.1	98.6	101.2	102.9	107.2	100.0	99.6
99.1	100.6	99.3	100.0	100.2	100.9	99.0	99.2
99.6	101.8	96.9	100.6	103.1	101.7	99.9	104.2
96.3	98.5	103.4	102.8	102.1	110.4	103.3	99.4
98.9	102.6	109.8	112.0	108.5	116.5	106.1	108.8
100.0	**100.0**	**100.3**	**101.1**	**100.2**	**103.1**	**99.4**	**103.7**
99.1	98.9	100.4	98.1	98.4	100.5	101.0	100.8
102.3	102.9	100.2	107.1	103.0	106.2	97.7	107.1
96.3	**96.5**	**97.5**	**97.3**	**96.9**	**97.5**	**97.5**	**97.4**
99.1	99.8	99.9	98.9	98.8	99.2	99.7	98.7
93.7	93.8	94.9	94.9	94.3	95.1	94.4	95.3
100.3	**99.9**	**98.3**	**98.2**	**97.3**	**98.2**	**98.0**	**100.9**
92.4	88.7	85.8	87.8	83.8	85.0	82.8	89.4
104.6	101.5	99.5	100.0	99.8	101.2	102.1	101.2
102.8	106.0	102.6	101.6	99.8	100.7	104.2	101.0
91.0	99.7	107.0	103.0	103.4	101.7	93.9	115.9
101.1	**101.6**	**102.9**	**102.9**	**104.5**	**102.5**	**96.6**	**103.5**
100.9	102.6	103.9	107.0	106.9	104.5	100.8	102.1
100.0	100.0	100.0	99.5	108.7	110.8	98.1	106.8
98.4	100.8	106.9	102.3	105.6	101.3	81.3	103.0
102.7	101.7	101.0	100.4	100.3	100.5	106.4	103.8

居民消费分类价格指数(2001～2010,以2000年价格为100)

表5－8

指 标	Indices	2001	2002
居民消费价格指数	**Consumer Price Indices**	**100.0**	**100.5**
#消费品价格指数	Consumer Goods Price Indices	98.6	98.5
服务项目价格指数	Services Price Indices	105.4	108.4
食 品	**Food**	**100.3**	**103.2**
粮 食	Grain	102.9	101.4
淀 粉	Starch	103.6	116.1
干豆类及豆制品	Dry Beans and Bean Products	95.6	94.3
油 脂	Oil or Fat	84.5	82.2
肉禽及其制品	Meat, Poultry and Their Products	99.3	101.1
蛋	Eggs	102.4	107.0
水产品	Aquatic Products	100.1	103.2
菜	Vegetables	108.9	124.7
调味品	Flavoring	99.2	100.3
糖	Sugars	101.4	102.9
茶及饮料	Tea and Beverages	98.4	97.1
干鲜瓜果	Dried and Fresh Fruit	104.3	105.9
糕点饼干	Cakes, Biscuits and Bread	100.5	99.9
液体乳及乳制品	Milk and Its Products	100.8	99.5
在外用膳食品	Dining Out	98.0	101.9
其它食品	Other Food	99.2	99.8
烟酒及用品	**Cigarettes, Liquors and Related Items**	**98.9**	**97.9**
烟 草	Tobacco	99.2	98.2
酒	Liquors	98.2	96.4
吸烟饮酒用品	Articles for Smoking and Drinking	100.0	100.0
衣 着	**Clothing**	**98.9**	**96.4**
服 装	Garments	96.4	93.5
衣着材料	Clothing Materials	98.7	97.7
鞋袜帽	Shoes, Socks and Hats	106.2	104.5
衣着加工服务	Garment Processing Service	100.0	99.9
家庭设备用品及维修服务	**Household Facilities, Articles and Repair Services**	**97.2**	**94.9**
耐用消费品	Durable Consumer Goods	94.7	92.6
室内装饰品	Interior Decorations	101.0	99.5
床上用品	Bedding Articles	100.5	101.1
家庭日用杂品	Household Daily Use Articles	98.6	95.8
家庭服务及加工维修服务	Household Services and Processing and Repair Services	100.0	97.3
医疗保健和个人用品	**Medical and Health Services and Personal Articles**	**97.4**	**95.1**
医疗保健	Medical and Health Care	96.5	93.1
个人用品及服务	Personal Articles and Services	99.8	100.3
交通和通信	**Transport and Communication**	**98.1**	**95.1**
交 通	Transport and Communication	102.3	101.3
通 信	Communication	94.4	89.4
娱乐教育文化用品及服务	**Recreation, Education and Culture Articles and Services**	**102.1**	**103.0**
文娱用耐用消费品及服务	Durable Consumer Goods and Services for Recreation	91.2	78.3
教 育	Education	109.6	115.6
文化娱乐用类	Recreation and Culture Articles	105.2	109.8
旅 游	Tourism	96.2	104.4
居 住	**Housing**	**102.3**	**102.3**
建房及装修材料	Construction and Decoration Materials	97.5	97.1
租 房	Renting	111.0	111.0
自有住房	Self-owned House	99.8	92.2
水电燃料	Water, Electricity and Fuels	101.7	103.5

Consumer Price Indices by Category(2000 = 100)

2003	2004	2005	2006	2007	2008	2009	2010
100.6	**102.8**	**103.7**	**105.0**	**108.3**	**114.6**	**114.1**	**117.7**
98.2	100.4	100.8	102.1	106.2	114.0	114.4	118.4
109.7	111.7	114.7	116.1	117.1	119.0	116.0	118.4
104.5	**113.2**	**118.3**	**121.3**	**132.7**	**153.0**	**156.1**	**168.2**
102.2	136.8	141.0	143.7	146.0	156.5	162.3	181.7
126.8	135.8	142.8	136.5	139.0	150.0	158.9	151.8
97.0	116.0	119.4	118.2	128.5	170.3	170.7	185.5
87.2	99.6	90.8	88.7	115.1	143.5	115.2	121.6
102.8	120.0	126.8	127.6	156.9	192.7	184.1	192.0
108.1	128.1	135.6	129.4	157.6	167.7	172.6	183.1
108.9	117.3	134.0	136.6	138.5	154.0	162.3	189.0
123.6	118.1	122.0	128.4	145.7	175.6	204.7	227.1
98.7	101.6	103.7	108.3	113.3	124.0	129.0	137.4
101.9	104.0	107.3	109.6	109.4	117.5	119.0	123.5
96.3	96.5	95.8	96.3	98.0	104.7	107.8	112.0
102.9	121.7	121.0	134.9	150.8	169.4	170.0	190.4
100.9	101.5	99.6	98.5	100.0	112.5	115.6	116.1
99.6	99.2	100.0	102.3	108.7	129.8	130.5	133.5
102.7	107.0	111.8	114.6	123.4	141.1	143.6	151.7
101.3	98.2	99.3	102.1	103.0	107.4	106.6	111.9
97.6	**96.0**	**95.7**	**95.9**	**96.5**	**98.2**	**98.9**	**100.0**
97.5	94.2	93.7	93.5	94.1	94.2	94.5	95.4
96.7	96.9	96.7	96.9	97.9	101.2	102.0	103.7
100.7	101.4	102.3	107.1	107.6	118.5	123.8	124.9
94.0	**88.5**	**81.6**	**86.8**	**88.0**	**89.4**	**88.8**	**87.5**
91.6	86.5	78.6	83.5	86.1	87.6	87.1	87.0
96.2	97.4	102.4	100.1	100.8	104.6	107.7	110.8
100.2	91.9	86.8	93.7	89.4	89.9	88.4	82.7
100.0	101.1	104.5	104.5	106.6	113.6	117.4	125.8
93.4	**91.4**	**92.1**	**94.6**	**97.7**	**105.8**	**107.4**	**108.6**
91.6	88.1	86.8	87.8	90.4	96.9	96.9	96.5
98.5	99.2	98.5	98.5	98.7	99.6	98.6	97.8
100.7	102.5	99.4	100.0	103.1	104.8	104.7	109.1
92.3	90.9	93.9	96.5	98.6	108.8	112.4	111.8
96.3	98.8	108.5	121.5	131.8	153.5	162.9	177.2
95.1	**95.0**	**95.3**	**96.4**	**96.6**	**99.6**	**99.1**	**102.7**
92.3	91.2	91.6	89.8	88.4	88.9	89.8	90.5
102.6	105.5	105.7	113.2	116.6	123.8	121.0	129.6
91.6	**88.4**	**86.2**	**83.8**	**81.2**	**79.2**	**77.2**	**75.2**
100.5	100.3	100.2	99.1	97.9	97.2	96.9	95.6
83.8	78.6	74.6	70.8	66.8	63.5	59.9	57.2
103.3	**103.2**	**101.4**	**99.6**	**96.9**	**95.2**	**93.3**	**94.1**
72.4	64.2	55.1	48.4	40.5	34.4	28.5	25.5
121.0	122.8	122.2	122.2	122.0	123.5	126.1	127.6
112.9	119.6	122.7	124.7	124.5	125.4	130.6	132.0
95.0	94.8	101.4	104.5	108.1	109.9	103.1	119.6
103.4	**105.1**	**108.2**	**111.3**	**116.3**	**119.3**	**115.2**	**119.2**
98.0	100.5	104.5	111.8	119.4	124.8	125.7	128.3
111.0	111.0	111.0	110.4	120.0	132.9	130.5	139.4
90.7	91.5	97.8	100.1	105.7	107.0	87.0	89.6
106.3	108.1	109.3	109.7	110.0	110.6	117.6	122.1

商品零售价格指数(2001～2010,以上年价格为100)

表5－9

指　标	Indices	2001	2002
商品零售价格指数	**Classified Retail Price Indices**	**98.6**	**98.7**
食　品	Food	98.4	100.3
粮　食	Grain	100.1	96.7
淀粉及薯类	Starch and Potatoes	100.4	101.3
干豆类及豆制品	Dry Beans and Bean Products	111.3	94.3
油　脂	Oil and Fat	81.4	97.9
肉禽及其制品	Meat Poultry and Their Products	100.4	99.0
蛋	Eggs	110.7	100.5
水产品	Aquatic Products	90.1	101.1
菜	Vegetables	107.1	106.4
调味品	Flavoring	99.5	100.8
糖	Sugars	104.4	98.5
干鲜瓜果	Dried and Fresh Fruits	107.3	104.6
糕点饼干面包	Cakes, Biscuits and Bread	99.8	98.9
奶及奶制品	Milk and Its Products	99.8	99.9
在外用膳食品	Dining Out	100.7	98.9
其它食品	Other Food	99.5	99.9
饮料烟酒	Beverages, Tobacco and Liquors	98.4	97.7
服装鞋帽	Garments, Shoes and Hats	107.7	95.0
纺织品	Textile Products	98.8	99.4
家用电器及音像器材	Household Appliances and Audio-video Equipment	95.0	93.5
文化办公用品	Culture and Office Articles	98.7	92.7
日用品	Daily Use Articles	99.0	99.8
体育娱乐用品	Sports and Recreation Articles	99.1	97.9
交通通信用品	Transport and Communication Articles	97.4	96.6
家　具	Furniture	90.4	100.1
化妆品	Cosmetics	100.7	97.4
金银珠宝	Gold and Silver Jewelry	87.2	100.0
中西药品及医疗保健用品	Traditional Chinese and Western Medicines, Medical and Health Care Articles	98.7	99.5
书报杂志及电子出版物	Newspapers and Magazines and Electronic Publications	99.5	98.9
燃　料	Fuels	111.4	106.8
建筑材料及五金电料	Building Materials and Hardware	101.8	103.8

Classified Retail Price Indices(preceding year = 100)

2003	2004	2005	2006	2007	2008	2009	2010
99.0	**100.9**	**99.4**	**100.2**	**102.4**	**105.3**	**99.4**	**101.7**
101.5	108.6	104.7	102.7	109.6	115.3	102.0	107.6
100.5	128.8	102.1	102.4	101.4	107.3	103.7	112.0
109.2	107.2	105.2	95.6	101.8	107.9	106.0	95.5
102.7	124.8	103.6	99.5	108.6	132.5	100.2	108.7
106.8	114.4	91.2	97.6	129.8	124.7	80.3	105.6
101.7	117.6	105.5	100.6	123.0	122.9	95.6	104.2
101.0	118.6	105.8	95.4	121.8	106.4	103.0	106.1
103.9	107.7	114.4	102.0	101.4	110.8	105.2	116.1
101.5	95.5	103.4	105.2	113.5	120.6	116.5	111.0
98.4	103.0	102.1	104.4	104.6	109.5	104.0	106.5
98.9	103.1	103.8	103.8	99.1	107.4	101.3	103.8
97.6	118.3	99.4	111.5	111.8	112.3	100.3	112.1
101.4	100.9	98.4	98.9	101.5	112.5	102.8	100.5
101.4	99.6	100.8	102.3	106.2	119.4	100.4	102.3
100.7	103.1	104.4	102.5	107.6	114.3	101.8	105.6
101.5	96.9	101.1	102.8	100.9	104.3	99.3	105.0
99.5	98.8	99.6	100.1	100.9	102.7	101.2	101.9
96.7	93.9	92.6	106.6	101.2	101.5	99.2	98.4
99.8	102.2	99.4	100.1	102.6	102.1	100.5	103.9
95.8	93.4	93.1	92.6	92.2	94.7	90.8	92.4
93.7	91.9	91.6	95.2	93.9	94.9	93.9	97.7
99.1	98.4	100.5	102.5	101.8	105.8	102.4	100.3
97.4	96.8	94.7	95.6	92.9	92.2	92.1	95.9
91.2	90.2	88.5	87.5	90.8	89.5	91.1	94.0
99.5	98.2	100.1	101.2	101.8	108.2	99.9	101.1
100.4	99.0	96.1	98.0	101.2	101.8	100.5	101.0
106.5	107.9	107.3	114.7	106.2	110.3	98.6	111.7
98.3	95.6	97.7	97.6	98.0	100.7	100.6	99.8
98.3	99.6	98.0	100.8	103.6	101.8	111.4	103.2
108.6	107.0	109.1	110.0	103.0	112.0	102.1	112.8
100.8	104.7	104.0	106.1	107.6	106.6	97.9	103.3

商品零售价格指数(2001~2010,以2000年价格为100)

表5-10

指 标	Indices	2001	2002
商品零售价格指数	**Classified Retail Price Indices**	**98.6**	**97.3**
食 品	Food	98.4	98.7
粮 食	Grain	100.1	96.8
淀粉及薯类	Starch and Potatoes	100.4	101.7
干豆类及豆制品	Dry Beans and Bean Products	111.3	105.0
油 脂	Oil and Fat	81.4	79.7
肉禽及其制品	Meat Poultry and Their Products	100.4	99.4
蛋	Eggs	110.7	111.3
水产品	Aquatic Products	90.1	91.1
菜	Vegetables	107.1	114.0
调味品	Flavoring	99.5	100.3
糖	Sugars	104.4	102.8
干鲜瓜果	Dried and Fresh Fruits	107.3	112.2
糕点饼干面包	Cakes, Biscuits and Bread	99.8	98.7
奶及奶制品	Milk and Its Products	99.8	99.7
在外用膳食品	Dining Out	100.7	99.6
其它食品	Other Food	99.5	99.4
饮料烟酒	Beverages, Tobacco and Liquors	98.4	96.1
服装鞋帽	Garments, Shoes and Hats	107.7	102.3
纺织品	Textile Products	98.8	98.2
家用电器及音像器材	Household Appliances and Audio-video Equipment	95.0	88.8
文化办公用品	Culture and Office Articles	98.7	91.5
日用品	Daily Use Articles	99.0	98.8
体育娱乐用品	Sports and Recreation Articles	99.1	97.0
交通通信用品	Transport and Communication Articles	97.4	94.1
家 具	Furniture	90.4	90.5
化妆品	Cosmetics	100.7	98.1
金银珠宝	Gold and Silver Jewelry	87.2	87.2
中西药品及医疗保健用品	Traditional Chinese and Western Medicines, Medical and Health Care Articles	98.7	98.2
书报杂志及电子出版物	Newspapers and Magazines and Electronic Publications	99.5	98.4
燃 料	Fuels	111.4	119.0
建筑材料及五金电料	Building Materials and Hardware	101.8	105.7

Classified Retail Price Indices(2000 = 100)

2003	2004	2005	2006	2007	2008	2009	2010
96.4	**97.3**	**96.7**	**96.9**	**99.2**	**104.5**	**103.9**	**105.7**
100.2	108.8	113.9	116.9	128.1	147.7	150.7	162.3
97.3	125.4	128.1	131.1	133.0	142.6	147.9	165.7
111.1	119.0	125.2	119.6	121.8	131.4	139.3	133.0
107.8	134.4	139.3	138.6	150.5	199.5	199.9	217.3
85.1	97.3	88.8	86.7	112.5	140.3	112.6	118.9
101.1	118.9	125.5	126.2	155.2	190.7	182.2	190.0
112.4	133.2	141.0	134.5	163.9	174.3	179.5	190.4
94.6	101.9	116.7	119.0	120.7	133.8	140.7	163.4
115.7	110.5	114.3	120.3	136.5	164.5	191.7	212.8
98.7	101.7	103.8	108.4	113.4	124.1	129.2	137.6
101.7	104.9	108.8	113.0	112.0	120.3	121.8	126.4
109.6	129.6	128.8	143.6	160.5	180.2	180.8	202.6
100.1	101.0	99.4	98.3	99.8	112.2	115.4	115.9
101.1	100.7	101.5	103.8	110.3	131.7	132.3	135.3
100.3	103.4	107.9	110.6	119.0	136.1	138.6	146.4
100.9	97.8	98.9	101.7	102.6	107.0	106.2	111.5
95.6	94.5	94.1	94.2	95.0	97.6	98.8	100.6
98.9	92.9	86.0	91.6	92.8	94.1	93.4	91.9
98.0	100.1	99.5	99.6	102.2	104.4	104.9	109.0
85.1	79.4	73.9	68.4	63.1	59.8	54.3	50.2
85.7	78.8	72.2	68.7	64.5	61.2	57.5	56.2
98.0	96.4	96.9	99.3	101.1	107.0	109.7	110.0
94.5	91.5	86.6	82.8	76.9	70.9	65.3	62.6
85.8	77.4	68.5	59.9	54.4	48.7	44.4	41.7
90.0	88.4	88.4	89.5	91.1	98.6	98.5	99.6
98.5	97.5	93.7	91.8	92.9	94.6	95.0	96.0
92.9	100.2	107.5	123.3	131.0	144.4	142.4	159.1
96.5	92.3	90.1	88.0	86.2	86.8	87.3	87.1
96.7	96.3	94.5	95.2	98.6	100.4	111.8	115.4
129.3	138.3	150.8	165.9	170.9	191.5	195.5	220.5
106.5	111.5	115.9	123.0	132.3	141.1	138.2	142.7

工业品出厂价格指数(1992～2010,以上年价格为100)

表5－11

指　标	Indices	1992	1993
工业品出厂价格指数	**Producer Price Indices of Industrial Products**	**110.4**	**128.0**
按轻重工业分	**Grouped by Light and Heavy Industries**		
轻工业	Light Industry	105.8	108.4
以农产品为原料	Using Farm Products as Raw Materials	108.2	110.7
以非农产品为原料	Using Non-farm Products as Raw Materials	103.3	106.2
重工业	Heavy Industry	115.2	147.9
采　掘	Mining and Quarrying		
原　料	Raw Material	119.0	158.4
加　工	Processing	109.2	123.9
按用途分	**Grouped by Uses**		
生产资料	Means of Production	112.4	141.1
采　掘	Mining and Quarrying		
原　料	Raw Material	113.7	146.9
加　工	Processing	109.7	124.6
生活资料	Consumer Goods	107.4	109.7
食　品	Food	115.5	112.9
衣　着	Clothing	105.6	108.4
一般日用品	Non-Durable Consumer Goods	105.9	115.0
耐用消费品	Durable Consumer Goods	104.8	102.4
按工业部门分	**Grouped by Industrial Sectors**		
冶金工业	Metallurgy Industry	115.4	176.1
电力工业	Electric Power Industry	136.7	106.4
煤炭及炼焦工业	Coal and Coking Industry	114.6	151.3
石油工业	Petroleum Industry	123.9	176.9
化学工业	Chemical Industry	106.5	112.9
机械工业	Machinery Industry	106.7	113.0
建筑材料工业	Building Material Industry	114.5	167.3
森林工业	Forest Industry	106.6	186.9
食品工业	Food Industry	115.7	113.1
纺织工业	Textile Industry	102.7	105.9
缝纫工业	Sewing Industry	94.1	110.2
皮革工业	Leather Industry	111.8	122.4
造纸工业	Paper Making Industry	99.0	110.7
文教艺术用品工业	Industry of Culture, Education and Art Articles	118.9	123.3
其他工业	Other Industries	107.5	114.7

Producer Price Indices of Industrial Products

1994	1995	1996	1997	1998	1999	2000
118.2	**107.9**	**97.6**	**97.8**	**93.9**	**97.6**	**102.5**
125.0	112.3	96.3	97.1	93.4	99.3	99.9
118.5	114.9	101.7	100.5	93.0	100.1	99.4
118.5	109.6	90.5	94.0	93.9	98.4	100.2
112.3	104.4	98.6	98.4	94.2	96.5	104.3
110.0	102.4	95.8	99.5	91.6	96.4	110.9
117.1	108.8	104.1	97.3	96.5	96.5	99.0
114.7	107.3	95.8	96.9	92.9	96.4	105.4
113.1	106.3	92.5	97.8	92.0	97.9	110.8
119.8	110.0	104.3	95.7	94.3	94.5	99.0
123.9	108.9	100.3	99.1	95.4	99.5	98.0
122.8	112.8	106.2	102.9	100.9	101.3	98.2
140.6	113.7	98.3	101.5	88.3	100.8	99.9
109.3	111.8	102.0	98.1	96.0	100.0	97.4
117.2	94.4	95.9	96.3	98.0	97.6	97.3
98.8	95.7	97.5	95.1	92.8	94.1	104.6
139.2	117.3	97.7	113.1	99.1	95.8	98.3
100.0	152.5	112.9	122.4	107.5	99.3	102.7
123.7	94.1	100.3	109.7	90.5	106.3	135.9
117.3	120.4	92.6	98.0	92.1	100.9	108.7
116.3	104.5	100.6	95.5	95.8	95.5	96.9
118.1	98.5	98.8	104.8	90.3	94.4	108.4
92.9	86.1	70.9	87.5	84.6	96.5	97.4
123.1	112.7	106.1	102.1	100.1	100.1	98.2
135.0	118.8	89.6	97.9	92.1	100.5	105.5
130.3	99.5	91.8	101.9	81.5	104.7	97.4
109.9	129.6	96.9	116.2	89.9	96.4	97.6
98.4	157.4	101.3	83.5	91.9	94.6	110.0
111.3	98.8	105.0	91.0	95.2	106.9	99.4
105.9	118.3	102.5	102.8	99.4	110.0	98.2

表 5－11 续表　Continued

指　标	Indices	2001	2002
工业品出厂价格指数	**Producer Price Indices of Industrial Products**	**96.7**	**96.4**
按轻重工业分	**Grouped by Light and Heavy Industries**		
轻工业	Light Industry	97.8	97.0
以农产品为原料	Using Farm Products as Raw Materials	99.8	98.9
以非农产品为原料	Using Non-farm Products as Raw Materials	95.4	94.9
重工业	Heavy Industry	96.1	96.1
采　掘	Mining and Quarrying	100.0	100.4
原　料	Raw Material	98.7	98.1
加　工	Processing	94.7	95.0
按用途分	**Grouped by Uses**		
生产资料	Means of Production	96.3	95.8
采　掘	Mining and Quarrying	100.0	100.4
原　料	Raw Material	97.9	97.6
加　工	Processing	94.9	94.7
生活资料	Consumer Goods	97.3	97.3
食　品	Food	102.6	102.6
衣　着	Clothing	99.6	99.8
一般日用品	Non-Durable Consumer Goods	97.2	97.1
耐用消费品	Durable Consumer Goods	95.1	94.7
按工业部门分	**Grouped by Industrial Sectors**		
冶金工业	Metallurgy Industry	98.4	96.7
电力工业	Electric Power Industry	100.2	99.6
煤炭及炼焦工业	Coal and Coking Industry	103.8	104.7
石油工业	Petroleum Industry	99.8	97.7
化学工业	Chemical Industry	96.2	96.3
机械工业	Machinery Industry	93.6	94.2
建筑材料工业	Building Material Industry	102.2	96.4
森林工业	Forest Industry	97.6	96.3
食品工业	Food Industry	102.8	102.3
纺织工业	Textile Industry	96.2	94.8
缝纫工业	Sewing Industry	99.1	99.8
皮革工业	Leather Industry	100.7	98.8
造纸工业	Paper Making Industry	97.8	94.7
文教艺术用品工业	Industry of Culture, Education and Art Articles	96.9	99.0
其他工业	Other Industries	100.5	105.0

2003	2004	2005	2006	2007	2008	2009	2010
101.4	**103.6**	**101.7**	**100.6**	**101.2**	**102.2**	**93.8**	**102.3**
99.2	101.0	100.6	98.8	100.0	99.1	94.8	97.1
101.0	103.2	100.4	100.6	103.1	103.6	101.1	102.6
98.3	99.8	100.7	98.2	99.1	97.9	93.1	95.6
102.9	105.0	102.3	102.4	102.3	105.2	92.9	106.9
112.6	119.3	124.5	114.7	101.5	125.8	82.5	116.9
108.0	113.1	109.7	108.2	104.0	110.7	91.8	116.8
100.9	102.3	99.9	100.3	101.7	102.8	93.5	102.9
103.1	106.1	103.2	101.2	101.4	102.5	92.1	102.7
112.6	119.3	124.5	114.7	101.5	125.8	82.5	116.9
107.5	112.8	109.8	107.8	103.9	110.2	92.0	116.6
101.5	103.7	100.9	99.6	100.9	100.5	92.2	99.2
98.1	98.7	98.7	98.9	100.2	101.3	100.6	100.7
100.1	101.3	100.6	100.5	104.8	105.3	102.0	104.4
99.7	102.5	101.4	100.4	101.7	102.2	100.3	100.6
99.3	101.3	100.7	100.9	101.0	102.2	101.9	101.7
96.1	94.6	95.7	95.4	95.6	97.2	98.5	97.6
112.5	118.4	109.3	104.1	108.1	108.0	83.9	114.5
99.3	101.9	101.3	100.8	100.5	102.0	103.5	101.5
116.4	112.3	100.9	101.0	112.8	138.6	93.9	107.8
116.3	116.3	120.7	114.5	103.6	119.9	95.9	120.8
103.4	108.2	106.9	102.0	103.0	104.3	90.8	111.3
96.6	97.3	97.1	98.1	97.8	97.9	94.2	96.2
100.2	105.9	94.8	96.4	101.6	105.7	97.5	103.0
98.2	98.5	101.1	101.0	102.6	102.7	100.4	95.4
101.7	104.1	101.5	101.0	105.7	105.9	101.3	104.8
103.2	103.7	99.6	100.6	100.5	99.6	101.5	103.4
99.8	102.6	101.5	100.2	101.9	102.2	100.3	100.7
99.4	100.3	99.9	100.8	100.1	100.5	99.2	99.8
98.1	99.2	98.5	99.6	100.2	103.8	105.7	100.5
99.2	99.0	99.7	98.2	99.1	101.1	99.4	100.5
101.5	105.1	101.6	105.1	102.2	107.4	102.9	109.3

工业品出厂价格指数(1992～2010,以1991年价格为100)

表5－12

指　标	Indices	1992	1993
工业品出厂价格指数	**Producer Price Indices of Industrial Products**	**110.4**	**141.3**
按轻重工业分	**Grouped by Light and Heavy Industries**		
轻工业	Light Industry	105.8	114.7
以农产品为原料	Using Farm Products as Raw Materials	108.2	119.7
以非农产品为原料	Using Non-farm Products as Raw Materials	103.3	109.6
重工业	Heavy Industry	115.2	170.4
采　掘	Mining and Quarrying		
原　料	Raw Material	113.7	188.4
加　工	Processing	109.7	135.3
按用途分	**Grouped by Uses**		
生产资料	Means of Production	112.4	158.6
采　掘	Mining and Quarrying		
原　料	Raw Material	113.7	167.1
加　工	Processing	109.7	136.6
生活资料	Consumer Goods	107.4	117.9
食　品	Food	115.5	130.4
衣　着	Clothing	105.6	114.5
一般日用品	Non-Durable Consumer Goods	105.9	121.7
耐用消费品	Durable Consumer Goods	104.8	107.3
按工业部门分	**Grouped by Industrial Sectors**		
冶金工业	Metallurgy Industry	115.4	203.3
电力工业	Electric Power Industry	136.7	145.5
煤炭及炼焦工业	Coal and Coking Industry	114.6	173.4
石油工业	Petroleum Industry	123.9	219.1
化学工业	Chemical Industry	106.5	120.2
机械工业	Machinery Industry	106.7	120.5
建筑材料工业	Building Material Industry	114.5	191.6
森林工业	Forest Industry	106.6	199.4
食品工业	Food Industry	115.7	130.9
纺织工业	Textile Industry	102.7	108.8
缝纫工业	Sewing Industry	94.1	103.7
皮革工业	Leather Industry	111.8	136.8
造纸工业	Paper Making Industry	99.0	109.6
文教艺术用品工业	Industry of Culture, Education and Art Articles	118.9	146.5
其他工业	Other Industries	107.5	123.3

Producer Price Indices of Industrial Products(1991 = 100)

1994	1995	1996	1997	1998	1999	2000
167.0	**180.2**	**175.8**	**172.0**	**161.4**	**157.5**	**161.5**
143.4	161.0	155.0	150.5	140.7	139.6	139.4
141.8	163.0	165.8	166.5	154.8	154.9	154.0
129.9	142.4	128.8	121.1	113.7	111.9	112.1
191.3	199.8	196.9	193.7	182.4	175.9	183.4
207.3	212.3	203.4	202.4	185.5	178.8	198.2
158.4	172.3	179.4	174.6	168.5	162.6	161.0
182.0	195.3	187.0	181.2	168.4	162.4	171.2
188.9	200.9	185.7	181.7	167.1	163.5	181.1
163.7	180.0	187.7	179.7	169.4	160.1	158.4
146.1	159.0	159.5	158.1	150.8	150.0	147.0
160.1	180.5	191.7	197.2	199.0	201.6	197.9
160.9	182.9	179.7	182.4	161.1	162.3	162.2
133.0	148.7	151.6	148.7	142.7	142.7	139.1
125.8	118.7	113.8	109.6	107.4	104.9	102.1
200.9	192.1	187.2	178.0	165.2	155.4	162.6
202.5	237.5	232.0	262.3	260.0	249.0	244.7
173.4	264.4	298.4	365.3	392.5	389.6	400.0
271.1	255.1	255.9	280.6	253.9	269.8	366.6
141.0	169.8	157.3	154.1	142.0	143.2	155.7
140.1	146.4	147.2	140.6	134.8	128.6	124.7
226.3	223.0	220.3	230.9	208.4	196.7	213.2
185.2	159.3	112.9	98.8	83.5	80.6	78.5
161.2	181.7	192.8	196.9	197.2	197.4	193.8
146.9	174.5	156.3	153.1	140.9	141.6	149.4
135.1	134.3	123.3	125.6	102.3	107.1	104.3
150.4	194.9	188.9	219.6	197.3	190.3	185.7
107.9	169.9	172.1	143.8	132.2	125.0	137.5
163.0	161.0	169.1	153.8	146.4	156.5	155.5
130.5	154.4	158.2	162.6	161.6	177.8	174.5

表5－12 续表 Continued

指 标	Indices	2001	2002
工业品出厂价格指数	**Producer Price Indices of Industrial Products**	**156.2**	**150.6**
按轻重工业分	**Grouped by Light and Heavy Industries**		
轻工业	Light Industry	136.3	132.2
以农产品为原料	Using Farm Products as Raw Materials	153.8	152.2
以非农产品为原料	Using Non-farm Products as Raw Materials	106.9	101.5
重工业	Heavy Industry	176.2	169.4
采 掘	Mining and Quarrying	100.0	100.4
原 料	Raw Material	195.6	191.7
加 工	Processing	152.5	144.9
按用途分	**Grouped by Uses**		
生产资料	Means of Production	164.9	158.0
采 掘	Mining and Quarrying	100.0	100.4
原 料	Raw Material	177.4	173.2
加 工	Processing	150.3	142.4
生活资料	Consumer Goods	143.1	139.2
食 品	Food	203.0	208.2
衣 着	Clothing	161.5	161.1
一般日用品	Non-Durable Consumer Goods	135.2	131.2
耐用消费品	Durable Consumer Goods	97.0	91.9
按工业部门分	**Grouped by Industrial Sectors**		
冶金工业	Metallurgy Industry	160.0	154.7
电力工业	Electric Power Industry	245.3	244.3
煤炭及炼焦工业	Coal and Coking Industry	415.1	434.7
石油工业	Petroleum Industry	365.7	357.3
化学工业	Chemical Industry	149.8	144.2
机械工业	Machinery Industry	116.7	110.0
建筑材料工业	Building Material Industry	218.0	210.1
森林工业	Forest Industry	76.6	73.8
食品工业	Food Industry	199.3	203.9
纺织工业	Textile Industry	143.6	136.1
缝纫工业	Sewing Industry	103.4	103.2
皮革工业	Leather Industry	187.0	184.7
造纸工业	Paper Making Industry	134.4	127.2
文教艺术用品工业	Industry of Culture, Education and Art Articles	150.6	149.1
其他工业	Other Industries	175.3	184.0

注：采掘业以2001年为100。
Note: Mining and Quarrying is calculated with 2001 = 100.

2003	2004	2005	2006	2007	2008	2009	2010
152.7	**158.3**	**161.1**	**162.1**	**163.9**	**167.5**	**157.2**	**160.8**
131.1	132.4	133.1	131.5	131.6	130.4	123.6	120.0
153.7	158.5	159.2	160.1	165.0	171.0	172.9	177.4
99.8	99.5	100.2	98.4	97.5	95.5	88.9	85.0
174.2	182.9	187.1	191.6	196.0	206.2	191.5	204.7
113.0	134.8	167.8	192.4	195.3	245.7	202.7	237.0
207.0	234.1	256.7	277.7	288.9	319.8	293.6	342.9
146.2	149.6	149.5	149.9	152.4	156.7	146.5	150.8
162.9	172.8	178.4	180.4	183.0	187.6	172.8	177.4
113.0	134.8	167.8	192.4	195.3	245.7	202.7	237.0
186.2	209.9	230.5	248.4	258.0	284.3	261.5	304.9
144.6	149.9	151.3	150.7	152.0	152.8	140.9	139.7
136.6	134.9	133.2	131.6	131.9	133.7	134.5	135.4
208.3	211.1	212.4	213.4	223.5	235.4	240.1	250.7
160.7	164.6	166.9	167.5	170.3	174.0	174.5	175.6
130.3	132.0	132.9	134.1	135.4	138.4	141.1	143.5
88.3	83.5	80.0	76.2	72.9	70.8	69.8	68.1
174.1	206.1	225.4	234.6	253.7	274.0	229.9	263.2
242.6	247.3	250.5	252.6	253.8	258.9	267.9	271.9
505.8	568.1	573.4	579.1	653.0	905.1	849.9	916.2
415.6	483.4	583.5	668.2	692.4	830.1	796.1	961.7
149.1	161.4	172.6	176.1	181.3	189.1	171.7	191.1
106.2	103.4	100.3	98.4	96.3	94.2	88.8	85.4
210.6	222.9	211.3	203.7	207.0	218.8	213.3	219.7
72.4	71.3	72.1	72.8	74.7	76.7	77.0	73.5
207.3	215.8	219.0	221.2	233.8	247.6	250.8	262.9
140.4	145.6	145.0	145.7	146.4	145.9	148.1	153.1
103.0	105.7	107.3	107.5	109.5	111.9	112.3	113.1
183.6	184.0	183.9	185.4	185.7	186.6	185.1	184.7
124.8	123.8	121.9	121.4	121.6	126.2	133.4	134.1
147.9	146.4	145.9	143.3	142.0	143.6	142.7	143.4
186.8	196.4	199.5	209.7	214.3	230.1	236.8	258.8

34 个工业行业工业品出厂价格指数(1992 ~ 2010,以上年价格为 100)

表 5 - 13

指 标	Indices	1992	1993
按工业行业分	**Grouped by Industrial Sectors**		
石油和天然气开采业	Extraction of Petroleum and Natural Gas		
农副食品加工业①	Processing of Food from Agricultural Products	117.3	110.1
食品制造业	Processing of Foodstuff		
饮料制造业	Manufacture of Beverages	106.8	119.4
烟草加工业	Manufacture of Tobacco	113.7	117.4
纺织业	Manufacture of Textile	105.5	106.9
纺织服装鞋帽制造业①	Manufacture of Textile Wearing Apparel, Footware, and Caps		
皮革毛皮羽绒及其制品业②	Manufacture of Leather, Fur, Feather and Related Products	111.8	120.8
木材加工及竹藤棕草制品业	Processing of Timber, Manufacture of Wood, Bamboo, Rattan, Palm and Straw Products	102.8	179.2
家具制造业	Manufacture of Furniture	117.7	
造纸及纸制品业	Manufacture of Paper and Paper Products	100.7	109.8
印刷业记录媒介的复制	Printing, Reproduction of Recording Media		
文教体育用品制造业	Manufacture of Articles for Culture, Education and Sport Activities	117.9	121.6
石油加工炼焦及核燃料加工业①	Processing of Petroleum, Coking, Processing of Nuclear Fuel	121.3	175.3
化学原料及化学制品制造业	Manufacture of Raw Chemical Materials and Chemical Products	109.4	113.9
医学制造业	Manufacture of Medicines	98.9	109.7
化学纤维制造业	Manufacture of Chemical Fibers	99.1	101.1
橡胶制品业	Manufacture of Rubber	103.4	104.2
塑料制品业	Manufacture of Plastics	101.3	117.7
非金属矿物制品业	Manufacture of Non-metallic Mineral Products	113.6	163.0
黑色金属冶炼及压延加工业	Smelting and Pressing of Ferrous Metals	116.7	173.5
有色金属冶炼及压延加工业	Smelting and Pressing of Non-ferrous Metals	112.3	110.9
金属制品业	Manufacture of Metal Products	104.4	108.0
通用设备制造业①	Manufacture of General Purpose Machinery	109.1	117.6
专用设备制造业	Manufacture of Special Purpose Machinery		117.6
交通运输设备制造业	Manufacture of Transport Equipment	101.4	100.3
电气机械及器材制造业	Manufacture of Electrical Machinery and Equipment	111.9	115.0
通信设备、计算机及其他电子设备制造业①	Manufacture of Communication Equipment, Computers and Other Electronic Equipment	94.8	94.6
仪器仪表及文化办公用机械制造业	Manufacture of Measuring Instruments and Machinery for Cultural Activity and Office Work	99.8	104.5
工艺品及其他制造业①	Manufacture of Artwork and Other Manufacturing		
废弃资源和废旧材料回收加工业③	Recycling and Disposal of Waste		
电力、热力的生产和供应业①	Production and Supply of Electric Power and Heat Power	138.0	105.8
煤气生产和供应业	Production and Supply of Gas	115.7	144.3
自来水生产和供应业	Production and Supply of Water	121.5	134.9

注：①从 2003 年起按新口径编制。
②1995 年 ~ 1996 年皮革、毛皮、羽绒及其制品业中不含羽绒制品。
③2003 年起增加废弃资源和废旧材料回收加工业。

Note: ① These indices have been calculated according to a new caliber since 2003.
② Manufacturing of Leather, Furs, Down and Related Products doesn't include down products from 1995 to 1996.
③ Recycling and Disposal of Waste has been added since 2003.

Producer Price Indices of Industrial Products in 34 Industries(preceding year = 100)

1994	1995	1996	1997	1998	1999	2000
139.2	115.2	105.9	101.2	94.7	95.1	89.6
			102.8	95.4	101.4	100.4
146.2	119.7	93.0	93.7	103.3	95.9	95.5
103.7	109.7	106.4	107.1	107.5	110.7	109.8
142.1	112.2	99.4	100.8	93.9	98.0	100.3
			95.3	68.7	104.7	97.6
109.9	129.6	96.9	113.8	97.4	96.4	97.5
92.9	86.1	70.9	90.1	77.9	95.8	96.0
			84.7	91.7	99.8	100.6
98.4	151.0	101.3	83.5	91.9	94.6	110.0
						100.4
111.3	98.8	105.0	97.6	98.4	107.0	110.0
123.7	94.1	100.3	109.7	90.5	106.3	134.6
120.2	124.5	88.7	99.9	89.2	100.7	117.1
106.8	113.3	99.1	96.4	102.5	108.4	91.0
125.4	133.6	66.6	92.2	89.3	104.3	115.9
114.0	110.3	104.9	96.1	98.3	97.0	97.5
105.3	132.6	100.8	93.1	85.0	95.7	106.9
118.1	98.5	98.8	104.8	90.3	94.4	108.4
98.3	93.7	97.9	95.6	93.8	94.1	104.5
108.2	130.8	89.9	91.1	84.9	93.4	110.4
98.0	110.4	101.0	94.5	97.3	97.8	98.1
117.2	105.5	105.9	97.9	97.6	95.6	98.7
	105.5		100.6	96.5	94.3	100.4
125.5	97.3	94.4	98.0	99.9	100.6	96.6
119.9	122.7	93.1	99.0	95.1	91.6	97.4
134.3	65.2	83.6	82.6	86.7	88.4	92.9
99.8	106.2	99.5	101.8	95.9	95.0	96.6
			86.0	92.8	105.9	96.6
139.2	117.3	111.7	113.1	99.1	95.8	98.3
100.0	152.5	112.9	122.4	107.5	99.3	100.0
119.0	124.5	100.0	116.3	114.6	121.2	100.0

表5－13 续表 Continued

指 标	Indices	2001	2002
按工业行业分	**Grouped by Industrial Sectors**		
石油和天然气开采业	Extraction of Petroleum and Natural Gas	100.0	100.4
农副食品加工业①	Processing of Food from Agricultural Products	101.8	100.0
食品制造业	Processing of Foodstuff	101.1	99.7
饮料制造业	Manufacture of Beverages	99.5	99.6
烟草加工业	Manufacture of Tobacco	108.4	110.6
纺织业	Manufacture of Textile	97.6	96.0
纺织服装鞋帽制造业①	Manufacture of Textile Wearing Apparel, Footware, and Caps	99.2	100.3
皮革毛皮羽绒及其制品业②	Manufacture of Leather, Fur, Feather and Related Products	100.9	99.0
木材加工及竹藤棕草制品业	Processing of Timber, Manufacture of Wood, Bamboo, Rattan, Palm and Straw Products	97.1	96.2
家具制造业	Manufacture of Furniture	99.7	96.7
造纸及纸制品业	Manufacture of Paper and Paper Products	95.8	94.0
印刷业记录媒介的复制	Printing, Reproduction of Recording Media	99.8	95.8
文教体育用品制造业	Manufacture of Articles for Culture, Education and Sport Activities	100.0	99.0
石油加工炼焦及核燃料加工业①	Processing of Petroleum, Coking, Processing of Nuclear Fuel	100.2	98.8
化学原料及化学制品制造业	Manufacture of Raw Chemical Materials and Chemical Products	96.7	97.0
医学制造业	Manufacture of Medicines	98.9	98.2
化学纤维制造业	Manufacture of Chemical Fibers	91.7	90.9
橡胶制品业	Manufacture of Rubber	98.8	99.6
塑料制品业	Manufacture of Plastics	97.1	95.7
非金属矿物制品业	Manufacture of Non-metallic Mineral Products	102.2	96.4
黑色金属冶炼及压延加工业	Smelting and Pressing of Ferrous Metals	99.4	97.4
有色金属冶炼及压延加工业	Smelting and Pressing of Non-ferrous Metals	92.8	95.7
金属制品业	Manufacture of Metal Products	98.5	97.2
通用设备制造业①	Manufacture of General Purpose Machinery	96.6	97.5
专用设备制造业	Manufacture of Special Purpose Machinery	99.8	98.1
交通运输设备制造业	Manufacture of Transport Equipment	94.1	96.5
电气机械及器材制造业	Manufacture of Electrical Machinery and Equipment	97.6	95.4
通信设备、计算机及其他电子设备制造业①	Manufacture of Communication Equipment, Computers and Other Electronic Equipment	87.1	88.6
仪器仪表及文化办公用机械制造业	Manufacture of Measuring Instruments and Machinery for Cultural Activity and Office Work	97.4	96.3
工艺品及其他制造业①	Manufacture of Artwork and Other Manufacturing	93.8	103.4
废弃资源和废旧材料回收加工业③	Recycling and Disposal of Waste		
电力、热力的生产和供应业①	Production and Supply of Electric Power and Heat Power	100.1	99.6
煤气生产和供应业	Production and Supply of Gas	101.1	100.8
自来水生产和供应业	Production and Supply of Water	100.7	117.0

2003	2004	2005	2006	2007	2008	2009	2010
112.6	119.3	124.5	114.7	101.5	125.8	82.5	116.9
107.7	113.3	101.2	100.3	120.6	120.7	87.3	106.9
99.7	101.5	101.1	101.1	102.7	106.8	104.3	104.8
101.8	99.4	100.7	101.8	100.4	100.7	101.2	104.4
100.0	103.3	102.4	101.1	100.9	100.0	105.2	103.7
101.9	104.1	100.4	100.3	100.7	100.7	100.4	102.2
100.4	101.8	101.1	100.2	102.3	102.3	100.7	100.9
98.8	101.0	100.7	101.0	100.2	100.3	99.0	100.0
97.9	97.9	101.4	101.7	104.6	104.6	103.5	99.8
98.9	100.6	101.1	100.6	101.0	100.1	98.4	93.1
98.1	99.2	98.5	99.6	100.2	103.8	105.7	100.5
99.2	98.9	100.0	97.2	97.6	102.2	99.8	99.8
99.9	100.6	101.1	99.6	100.3	100.3	99.5	101.4
119.0	117.6	120.1	113.4	104.9	122.4	95.1	121.2
106.4	113.4	110.1	103.5	104.0	104.9	87.0	117.2
94.8	94.9	99.4	98.7	103.1	105.6	100.8	100.3
108.7	115.7	107.6	99.1	101.7	100.4	88.2	115.7
99.7	98.7	102.0	102.1	100.9	100.1	102.1	101.5
100.5	104.2	104.3	100.7	101.6	103.0	96.2	102.3
100.1	105.3	95.6	96.9	101.9	105.7	97.9	102.6
119.6	122.0	111.0	97.1	108.7	114.1	79.6	115.1
106.1	123.2	113.7	145.0	106.7	92.2	83.2	127.8
99.9	109.7	104.8	103.9	107.6	101.9	95.1	107.3
98.0	101.0	101.8	100.7	100.5	101.6	98.6	99.5
97.7	98.8	99.0	98.7	99.7	101.1	101.9	99.7
96.9	94.9	94.8	96.5	96.6	99.1	98.6	98.7
97.6	102.9	101.8	105.8	102.3	101.4	96.6	100.9
95.0	95.3	94.8	95.9	96.2	94.5	88.4	91.5
97.7	98.3	98.1	98.0	99.2	100.1	98.0	99.6
105.2	110.3	102.4	108.7	102.0	111.2	99.8	112.1
109.0	110.2	101.4	90.7	109.1	133.2	75.0	113.0
99.3	101.9	101.3	101.0	100.7	102.0	103.7	101.6
107.1	104.1	100.2	106.8	103.8	104.8	110.1	104.2
100.0	100.0	100.0	100.1	100.0	101.3	120.9	112.7

34 个工业行业工业品出厂价格指数(1992~2010,以1991 年价格为100)

表5-14

指 标	Indices	1992	1993
按工业行业分	**Grouped by Industrial Sectors**		
石油和天然气开采业	Extraction of Petroleum and Natural Gas		
农副食品加工业①	Processing of Food from Agricultural Products	117.3	129.2
食品制造业	Processing of Foodstuff		
饮料制造业	Manufacture of Beverages	106.8	127.4
烟草加工业	Manufacture of Tobacco	113.7	133.5
纺织业	Manufacture of Textile	105.5	112.9
纺织服装鞋帽制造业①	Manufacture of Textile Wearing Apparel, Footware, and Caps		
皮革毛皮羽绒及其制品业②	Manufacture of Leather, Fur, Feather and Related Products	111.8	135.0
木材加工及竹藤棕草制品业	Processing of Timber, Manufacture of Wood, Bamboo, Rattan, Palm and Straw Products	102.8	184.2
家具制造业	Manufacture of Furniture		
造纸及纸制品业	Manufacture of Paper and Paper Products	100.7	110.5
印刷业记录媒介的复制	Printing, Reproduction of Recording Media		
文教体育用品制造业	Manufacture of Articles for Culture, Education and Sport Activities	117.9	143.4
石油加工炼焦及核燃料加工业①	Processing of Petroleum, Coking, Processing of Nuclear Fuel	121.3	212.6
化学原料及化学制品制造业	Manufacture of Raw Chemical Materials and Chemical Products	109.4	124.6
医学制造业	Manufacture of Medicines	98.9	108.5
化学纤维制造业	Manufacture of Chemical Fibers	99.1	100.2
橡胶制品业	Manufacture of Rubber	103.4	107.7
塑料制品业	Manufacture of Plastics	101.3	119.2
非金属矿物制品业	Manufacture of Non-metallic Mineral Products	113.6	185.2
黑色金属冶炼及压延加工业	Smelting and Pressing of Ferrous Metals	116.7	202.4
有色金属冶炼及压延加工业	Smelting and Pressing of Non-ferrous Metals	112.3	124.5
金属制品业	Manufacture of Metal Products	104.4	112.7
通用设备制造业①	Manufacture of General Purpose Machinery	109.1	128.2
专用设备制造业	Manufacture of Special Purpose Machinery		
交通运输设备制造业	Manufacture of Transport Equipment	101.4	101.7
电气机械及器材制造业	Manufacture of Electrical Machinery and Equipment	111.9	128.7
通信设备、计算机及其他电子设备制造业①	Manufacture of Communication Equipment, Computers and Other Electronic Equipment	94.8	89.7
仪器仪表及文化办公用机械制造业	Manufacture of Measuring Instruments and Machinery for Cultural Activity and Office Work	99.8	104.3
工艺品及其他制造业①	Manufacture of Artwork and Other Manufacturing		
废弃资源和废旧材料回收加工业③	Recycling and Disposal of Waste		
电力、热力的生产和供应业①	Production and Supply of Electric Power and Heat Power	138.0	146.0
煤气生产和供应业	Production and Supply of Gas	115.7	166.9
自来水生产和供应业	Production and Supply of Water	121.5	163.9

注:①从2003 年起按新口径编制。
②1995 年~1996 年皮革、毛皮、羽绒及其制品业中不含羽绒制品。
③食品制造业、纺织业、服装及其他纤维制品制造业、家具制造业、通用设备制造业、专用设备制造业、工艺品及其他制造业等类别1997 年以后的数据以1996 年价格水平为100。石油和天然气开采业以2000 年价格水平为100;印刷业记录媒介的复制以1999 年价格水平为100;废弃资源和废旧材料回收加工业以2002 年价格水平为100。

Note: ① These indices have been calculated according to a new caliber since 2003.
② Manufacturing of Leather, Furs, Down and Related Products doesn't include down products from 1995 to 1996.
③ Starting from 1997, the figures of Food Production, Textile, Manufacturing of Clothing and Other Fiber Products, Furniture Manufacturing, Manufacturing of General Purpose Machinery, Manufacturing of Special Purpose Machinery, Manufacturing of Artwork and Other Products have been calculated with 1996 = 100. The figures of Extraction of Petroleum and Natural Gas are calculated with 2000 = 100; the figures of Printing, Reproduction of Recording Media are calculated with 1999 = 100; and the figures of Recycling and Disposal of Waste are calculated with 2002 = 100.

Producer Price Indices of Industrial Products in 34 Industries(1991 = 100)

1994	1995	1996	1997	1998	1999	2000
179.7	207.1	219.4	101.2	95.8	91.1	81.6
			102.8	98.0	99.4	99.8
186.3	223.0	207.4	194.3	200.8	192.6	184.0
138.4	151.8	161.5	173.0	185.9	205.9	226.1
160.4	179.9	178.9	100.8	94.7	92.8	93.1
			95.3	65.5	68.5	66.8
148.4	192.4	186.4	212.1	206.7	199.3	194.3
171.1	147.2	104.3	93.9	73.2	70.1	67.3
			84.7	77.7	77.5	78.0
108.8	164.2	166.4	139.0	127.8	120.9	132.9
						100.4
159.5	157.6	165.4	161.5	158.9	169.9	170.6
263.1	247.5	248.3	272.3	246.4	261.8	352.4
149.8	186.4	165.3	165.2	147.3	148.3	173.8
115.8	131.1	129.9	125.2	128.3	139.1	126.6
125.7	167.9	111.8	103.1	92.0	95.9	111.2
122.8	135.5	142.1	136.5	134.2	130.2	126.9
125.6	166.5	167.8	156.3	132.8	127.2	135.9
218.8	215.6	213.0	223.2	201.4	190.1	206.1
198.9	186.3	182.3	174.3	163.5	153.9	160.9
134.7	176.2	158.4	144.3	122.5	114.5	126.4
110.5	122.0	123.1	116.4	113.2	110.7	108.6
150.3	158.6	167.9	97.9	95.5	91.3	90.1
			100.6	97.1	91.5	91.9
127.6	124.2	117.2	114.8	114.7	115.4	113.5
154.3	189.3	176.3	174.5	166.0	152.0	148.0
120.5	78.5	65.7	54.2	47.0	41.5	38.6
104.1	110.5	109.9	111.9	107.4	102.0	98.5
			86.0	79.7	84.4	81.5
203.2	238.4	266.3	301.1	298.3	285.8	280.8
166.9	254.6	287.3	351.7	378.0	375.2	375.3
195.1	242.9	242.9	282.4	323.7	392.3	392.2

表5-14续表 Continued

指 标	Indices	2001	2002
按工业行业分	**Grouped by Industrial Sectors**		
石油和天然气开采业	Extraction of Petroleum and Natural Gas	100.0	100.4
农副食品加工业①	Processing of Food from Agricultural Products	83.1	83.1
食品制造业	Processing of Foodstuff	100.9	100.7
饮料制造业	Manufacture of Beverages	183.1	182.3
烟草加工业	Manufacture of Tobacco	245.1	271.0
纺织业	Manufacture of Textile	90.9	87.2
纺织服装鞋帽制造业①	Manufacture of Textile Wearing Apparel, Footware, and Caps	66.3	66.5
皮革毛皮羽绒及其制品业②	Manufacture of Leather, Fur, Feather and Related Products	196.0	194.0
木材加工及竹藤棕草制品业	Processing of Timber, Manufacture of Wood, Bamboo, Rattan, Palm and Straw Products	65.3	62.9
家具制造业	Manufacture of Furniture	77.8	75.2
造纸及纸制品业	Manufacture of Paper and Paper Products	127.3	119.7
印刷业记录媒介的复制	Printing, Reproduction of Recording Media	100.2	95.9
文教体育用品制造业	Manufacture of Articles for Culture, Education and Sport Activities	170.5	168.7
石油加工炼焦及核燃料加工业①	Processing of Petroleum, Coking, Processing of Nuclear Fuel	353.1	348.7
化学原料及化学制品制造业	Manufacture of Raw Chemical Materials and Chemical Products	168.0	163.0
医学制造业	Manufacture of Medicines	125.2	122.9
化学纤维制造业	Manufacture of Chemical Fibers	102.0	92.8
橡胶制品业	Manufacture of Rubber	125.4	124.8
塑料制品业	Manufacture of Plastics	131.9	126.2
非金属矿物制品业	Manufacture of Non-metallic Mineral Products	210.7	203.1
黑色金属冶炼及压延加工业	Smelting and Pressing of Ferrous Metals	159.9	155.8
有色金属冶炼及压延加工业	Smelting and Pressing of Non-ferrous Metals	117.3	112.2
金属制品业	Manufacture of Metal Products	107.0	103.9
通用设备制造业①	Manufacture of General Purpose Machinery	87.0	84.8
专用设备制造业	Manufacture of Special Purpose Machinery	91.7	89.9
交通运输设备制造业	Manufacture of Transport Equipment	110.7	105.6
电气机械及器材制造业	Manufacture of Electrical Machinery and Equipment	144.4	137.8
通信设备、计算机及其他电子设备制造业①	Manufacture of Communication Equipment, Computers and Other Electronic Equipment	33.6	29.8
仪器仪表及文化办公用机械制造业	Manufacture of Measuring Instruments and Machinery for Cultural Activity and Office Work	92.5	95.6
工艺品及其他制造业①	Manufacture of Artwork and Other Manufacturing	76.6	73.9
废弃资源和废旧材料回收加工业③	Recycling and Disposal of Waste		
电力、热力的生产和供应业①	Production and Supply of Electric Power and Heat Power	281.1	279.9
煤气生产和供应业	Production and Supply of Gas	379.3	382.5
自来水生产和供应业	Production and Supply of Water	394.9	462.1

2003	2004	2005	2006	2007	2008	2009	2010
113.0	134.8	167.8	192.4	195.3	245.7	202.7	237.0
93.5	111.6	138.9	159.3	161.7	195.2	170.4	182.1
108.4	122.9	124.4	124.7	150.4	160.7	167.6	175.6
181.7	184.4	186.3	188.3	193.3	194.7	197.0	205.7
275.9	274.1	276.0	280.9	281.9	281.9	296.6	307.6
87.2	90.1	92.3	93.2	94.1	94.7	95.1	97.2
67.7	70.5	70.7	71.0	71.5	73.1	73.6	74.3
194.7	198.1	200.3	200.7	205.3	205.9	203.8	203.8
62.1	62.7	63.1	63.8	63.9	66.8	69.2	69.0
73.6	72.1	73.1	74.3	77.8	77.8	76.6	71.3
118.3	119.0	120.3	121.0	122.2	126.8	134.1	134.8
95.1	94.1	94.1	91.4	89.2	91.2	91.0	90.8
167.4	165.5	165.5	160.9	157.0	157.5	156.7	158.9
348.3	350.3	354.2	352.9	353.9	433.2	411.9	499.3
194.0	228.2	274.1	310.9	326.0	342.0	297.5	348.7
130.7	148.2	163.3	169.0	175.7	185.5	187.0	187.6
87.9	83.4	82.9	81.8	84.3	84.7	74.7	86.4
135.7	157.0	169.0	167.4	170.2	170.3	173.9	176.5
125.9	124.2	126.6	129.3	130.5	134.4	129.3	132.3
204.1	212.6	221.9	223.3	226.8	239.7	234.7	240.8
155.9	164.2	156.9	152.1	154.9	176.8	140.7	162.0
134.2	163.7	181.7	176.4	191.7	176.7	147.0	187.9
110.2	135.8	154.4	223.9	238.9	243.5	231.6	248.5
84.7	92.9	97.4	101.2	108.8	110.5	109.0	108.5
88.1	89.0	90.6	91.2	91.7	92.7	94.5	94.2
103.1	101.9	100.8	99.5	99.2	98.3	96.9	95.7
133.4	126.6	120.0	115.8	111.9	113.4	109.6	110.6
29.0	29.9	30.4	32.2	32.9	31.1	27.5	25.2
90.8	86.5	82.1	78.7	75.7	75.8	74.3	74.0
72.2	71.0	69.6	68.2	67.7	75.3	75.2	84.3
109.0	120.0	121.7	110.4	120.4	160.4	120.3	135.9
305.0	335.9	340.5	309.0	336.9	343.7	356.4	362.1
379.9	387.2	392.3	396.3	398.9	418.1	460.3	479.6
495.0	515.1	515.9	550.9	571.7	579.1	700.1	789.0

原材料、燃料、动力购进价格指数(1992～2010,以上年价格为100)

表5－15

指　标	Indices	1992	1993
原材料、燃料、动力购进价格指数	**Purchasing Price Indices of Raw Materials, Fuels and Power**	**109.6**	**129.2**
燃料、动力类	Fuel and Power	117.9	133.2
黑色金属材料类	Ferrous Metals	112.1	163.2
#钢　材	Rolled-steel	117.8	155.7
有色金属材料和电线类	Nonferrous Metals and Electric Wire	109.9	115.9
化工原料类	Chemical Raw Materials	87.8	110.5
木材及纸浆类	Timber and Paper Pulps	103.9	120.6
建筑材料及非金属矿类	Building Materials and Nonmetal Minerals	109.1	138.8
其它工业原材料及半成品类	Other Industrial Raw and Processed Materials		
农副产品类	Agricultural and Sideline Products	110.7	120.7
纺织原料类	Textile Raw Materials	101.6	105.0

注：其它工业原材料及半成品类以1996年为100。
Note: Other Industrial Raw and Processed Materials is calculated with 1996 = 100.

表5－15续表　Continued

指　标	Indices	2001	2002
原材料、燃料、动力购进价格指数	**Purchasing Price Indices of Raw Materials, Fuels and Power**	**98.7**	**97.7**
燃料、动力类	Fuel and Power	99.9	101.6
黑色金属材料类	Ferrous Metals	104.5	100.1
#钢　材	Rolled-steel	99.7	96.9
有色金属材料和电线类	Nonferrous Metals and Electric Wire	93.2	95.1
化工原料类	Chemical Raw Materials	90.4	92.7
木材及纸浆类	Timber and Paper Pulps	94.9	97.6
建筑材料及非金属矿类	Building Materials and Nonmetal Minerals	101.6	96.3
其它工业原材料及半成品类	Other Industrial Raw and Processed Materials	100.9	97.7
农副产品类	Agricultural and Sideline Products	99.3	99.5
纺织原料类	Textile Raw Materials	96.8	94.5

Purchasing Price Indices of Raw Materials,Fuels and Power(preceding year = 100)

1994	1995	1996	1997	1998	1999	2000
121.6	**113.3**	**97.6**	**98.6**	**94.1**	**97.1**	**107.1**
117.8	107.6	109.9	103.2	97.4	102.1	116.7
103.2	99.1	96.0	98.3	99.0	96.0	96.7
101.7	98.8	98.5	94.8	98.0	94.4	102.6
113.8	131.7	87.3	96.4	83.3	98.5	111.4
116.6	124.1	93.7	96.4	86.0	100.8	123.5
138.7	121.3	102.8	105.3	75.2	92.9	101.6
116.3	92.1	123.9	90.9	91.9	102.1	99.5
			96.0	92.3	100.7	104.6
151.0	123.3	100.6	119.5	92.2	93.8	97.2
138.9	114.8	90.0	96.0	100.2	87.1	96.9

2003	2004	2005	2006	2007	2008	2009	2010
106.4	**116.4**	**106.8**	**104.8**	**104.1**	**110.3**	**89.8**	**111.2**
107.7	124.8	124.1	110.9	104.3	135.6	76.0	129.0
113.7	134.6	103.2	92.7	106.6	117.0	86.7	113.9
108.9	123.2	109.9	95.9	104.4	114.1	87.8	105.0
102.5	119.9	112.2	139.1	107.2	96.4	86.3	129.4
107.3	114.3	111.1	103.2	105.2	105.9	87.5	116.0
99.3	100.9	101.5	100.3	102.0	102.6	96.3	103.4
103.0	115.1	88.9	99.8	102.7	109.0	98.6	105.4
98.9	103.0	99.3	103.3	102.2	102.3	96.7	102.3
109.2	110.4	98.1	105.1	106.7	107.6	100.0	108.2
102.0	104.9	101.8	100.5	101.8	103.2	99.2	106.4

原材料、燃料、动力购进价格指数(1992～2010,以1991年价格为100)

表5－16

指　标	Indices	1992	1993
原材料、燃料、动力购进价格指数	**Purchasing Price Indices of Raw Materials, Fuels and Power**	**109.6**	**141.7**
燃料、动力类	Fuel and Power	117.9	157.0
黑色金属材料类	Ferrous Metals	112.1	182.9
#钢　材	Rolled-steel	117.8	183.4
有色金属材料和电线类	Nonferrous Metals and Electric Wire	109.9	127.3
化工原料类	Chemical Raw Materials	87.8	97.0
木材及纸浆类	Timber and Paper Pulps	103.9	125.3
建筑材料及非金属矿类	Building Materials and Nonmetal Minerals	109.1	151.4
其它工业原材料及半成品类	Other Industrial Raw and Processed Materials		
农副产品类	Agricultural and Sideline Products	110.7	133.6
纺织原料类	Textile Raw Materials	101.6	106.7

注：其它工业原材料及半成品类以1996年为100。
Note：Other Industrial Raw and Processed Materials is calculated with 1996 = 100.

表5－16续表　Continued

指　标	Indices	2001	2002
原材料、燃料、动力购进价格指数	**Purchasing Price Indices of Raw Materials, Fuels and Power**	**181.5**	**177.3**
燃料、动力类	Fuel and Power	261.5	265.7
黑色金属材料类	Ferrous Metals	169.3	169.5
#钢　材	Rolled-steel	162.9	157.9
有色金属材料和电线类	Nonferrous Metals and Electric Wire	136.6	129.9
化工原料类	Chemical Raw Materials	122.8	113.8
木材及纸浆类	Timber and Paper Pulps	153.5	149.8
建筑材料及非金属矿类	Building Materials and Nonmetal Minerals	173.1	166.7
其它工业原材料及半成品类	Other Industrial Raw and Processed Materials	94.2	92.0
农副产品类	Agricultural and Sideline Products	249.3	248.1
纺织原料类	Textile Raw Materials	120.5	113.9

Purchasing Price Indices of Raw Materials, Fuels and Power(1991 = 100)

1994	1995	1996	1997	1998	1999	2000
172.3	**195.1**	**190.4**	**187.8**	**176.7**	**171.6**	**183.8**
184.9	198.9	218.6	225.6	219.7	224.4	261.8
188.7	187.1	179.6	176.5	174.8	167.7	162.1
186.5	184.3	181.5	172.1	168.7	159.2	163.3
144.9	190.7	166.4	160.4	133.5	131.6	146.6
113.1	140.4	131.5	126.8	109.1	109.9	135.8
173.7	210.7	216.6	228.1	171.5	159.2	161.7
176.1	162.1	200.9	182.5	167.7	171.3	170.4
		100.0	96.0	88.5	89.2	93.3
201.7	248.6	250.0	298.8	275.5	258.3	251.1
148.3	170.3	153.3	147.2	147.6	128.4	124.4

2003	2004	2005	2006	2007	2008	2009	2010
188.7	**219.6**	**234.6**	**245.8**	**255.9**	**282.2**	**253.5**	**281.8**
286.1	357.1	443.2	491.5	512.6	695.1	528.3	681.5
192.7	259.4	267.7	248.1	264.5	309.5	268.3	305.6
171.9	211.9	232.9	223.3	233.2	266.0	233.6	245.3
133.2	159.7	179.1	249.2	267.1	257.5	222.2	287.5
122.1	139.6	155.1	160.1	168.4	178.3	156.0	181.0
148.8	150.1	152.4	152.8	155.9	159.9	154.0	159.2
171.7	197.6	175.7	175.3	180.1	196.3	193.5	204.0
91.0	93.7	93.1	96.1	98.3	100.5	97.2	99.4
270.9	299.0	293.4	308.3	329.0	354.0	354.0	383.0
116.1	121.8	124.0	124.7	126.9	131.0	129.9	138.2

房地产价格指数(1998～2010,以上年价格为100)

表5－17

指　标	Indices	1998	1999	2000	2001
房屋租赁价格指数	**Price Indices of Real Estate Leasing**	**92.2**	**89.9**	**95.8**	**104.9**
住　宅	Residential Buildings	151.9	131.7	104.1	107.4
#普通住宅	General Residential Buildings				
高档住宅	Luxury Residential Buildings				
办公楼	Office Buildings	88.1	78.9	87.6	98.6
商业营业用房	Buildings for Commercial Business	107.5	110.9	103.6	107.2
土地交易价格指数	**Price Indices of Land Transaction**	**95.5**	**93.3**	**91.9**	**97.2**
居住用地	Residential Land	93.4	91.3	86.3	92.2
工业用地	Industrial Land	109.5	93.6	93.3	91.6
物业管理价格指数	**Price Indices of Real Estate Management**				
住　宅	Residential Buildings				
#普通住宅	General Residential Buildings				
高档住宅	Luxury Residential Buildings				
办公楼	Office Buildings				
商业营业用房	Buildings for Commercial Business				

注：按照国家统计局新的调查制度规定,从2008年开始,房屋租赁价格指数中商业娱乐用房改为"商业营业用房",土地交易价格指数中工业仓储用地改为"工业用地"。

Note: According to the new survey regulations of the National Bureau of Statistics, starting from 2008, Buildings for Commercial and Recreational Uses under the heading of Price Indices of Real Estate Leasing has been changed to Buildings for Commercial Business; and the Land for Industrial Storage under the heading of Price Indices of Land Transaction has been changed to Industrial Land.

房地产价格指数(1998～2010,以1997年价格为100)

表5－18

指　标	Indices	1998	1999	2000	2001
房屋租赁价格指数	**Price Indices of Real Estate Leasing**	**92.2**	**82.9**	**79.4**	**83.3**
住　宅	Residential Buildings	151.9	200.1	208.3	223.7
#普通住宅	General Residential Buildings			104.1	104.6
高档住宅	Luxury Residential Buildings				
办公楼	Office Buildings	88.1	69.5	60.9	60.0
商业营业用房	Buildings for Commercial Business	107.5	119.2	123.5	132.4
土地交易价格指数	**Price Indices of Land Transaction**	**95.5**	**89.1**	**81.9**	**79.6**
居住用地	Residential Land	93.4	85.3	73.6	67.9
工业用地	Industrial Land	109.5	102.5	95.6	87.6
物业管理价格指数	**Price Indices of Real Estate Management**				
住　宅	Residential Buildings				
#普通住宅	General Residential Buildings				
高档住宅	Luxury Residential Buildings				
办公楼	Office Buildings				
商业营业用房	Buildings for Commercial Business				

Real Estate Price Indices(preceding year = 100)

2002	2003	2004	2005	2006	2007	2008	2009	2010
99.0	**102.1**	**105.5**	**103.6**	**104.0**	**105.1**	**104.6**	**100.6**	**104.4**
100.0	101.2	101.3	103.3	102.3	106.5	104.2	100.3	104.9
			103.6	102.6	106.6	104.2	100.3	105.1
			101.1	100.4	103.9	104.6	100.2	103.6
99.3	105.2	106.9	106.4	103.8	104.5	105.6	101.0	101.3
97.0	98.9	107.3	101.0	106.1	105.8	104.9	100.7	108.8
106.3	**115.1**	**120.3**	**106.9**	**101.2**	**107.8**	**107.9**	**102.2**	**118.9**
111.0	122.2	129.4	105.4	99.5	104.4	106.9	102.9	126.4
90.3	101.5	101.4	103.7	102.9	113.8	107.3	101.7	115.1
			100.5	**100.0**	**100.0**	**100.0**	**100.0**	**100.0**
			100.1	100.0	100.0	100.0	100.0	100.0
			100.1	100.0	100.0	100.0	100.0	100.0
			100.0	100.0	100.0	100.0	100.0	100.0
			101.4	100.0	100.0	100.0	100.0	100.0
			100.0	100.0	100.0	100.0	100.0	100.0

Real Estate Price Indices(1997 = 100)

2002	2003	2004	2005	2006	2007	2008	2009	2010
82.5	**84.2**	**88.9**	**92.0**	**95.7**	**100.6**	**105.3**	**105.9**	**110.6**
223.7	226.4	229.3	236.9	242.3	258.1	269.0	269.8	283.0
			103.6	106.3	113.3	118.1	118.4	124.5
			101.5	101.5	105.5	110.3	110.5	114.5
59.6	62.7	67.0	71.3	74.0	77.4	81.7	82.5	83.6
128.4	127.0	136.3	137.7	146.0	154.5	162.1	163.3	177.6
84.6	**97.4**	**117.2**	**125.3**	**126.8**	**136.7**	**147.4**	**150.7**	**179.1**
75.3	92.0	119.1	125.5	124.9	130.4	139.4	143.5	181.4
79.1	80.3	81.4	84.4	86.9	98.9	106.0	107.8	124.1
			100.5	**100.5**	**100.5**	**100.5**	**100.5**	**100.5**
			100.1	100.1	100.1	100.1	100.1	100.1
			100.1	100.1	100.1	100.1	100.1	100.1
			100.0	100.0	100.0	100.0	100.0	100.0
			101.4	101.4	101.4	101.4	101.4	101.4
			100.0	100.0	100.0	100.0	100.0	100.0

固定资产投资价格指数(1993～2010,以上年价格为100)

表5－19

指　标	Indices	1993	1994
固定资产投资价格指数	**Price Indices of Investment in Fixed Assets**	**131.4**	**108.8**
建筑安装、装饰工程	Building, Installation and Decoration Projects	134.2	108.8
人工费	Manpower Cost	163.9	117.7
材料费	Materials	146.6	105.3
#钢　材	Rolled-steel	116.9	96.1
木　材	Timber	114.1	114.0
水　泥	Cement	115.8	105.8
地方材料	Local Materials	146.0	113.7
化工材料	Chemical Materials		
电　料	Electric Materials		
其他材料	Other Materials	129.4	105.7
机械使用费	Machinery Use Cost		
设备、工器具购置	Purchase of Equipment and Instrument	131.4	112.1
其他费用投资	Other Investment	125.0	105.0

注：化工材料和电料以1996年价格为100。
Note: Figures in Chemical Materials and Electric Materials are calculated with 1996＝100.

表5－19 续表　**Continued**

指　标	Indices	2002	2003
固定资产投资价格指数	**Price Indices of Investment in Fixed Assets**	**100.3**	**102.4**
建筑安装、装饰工程	Building, Installation and Decoration Projects	101.9	105.2
人工费	Manpower Cost	110.5	104.5
材料费	Materials	99.8	105.5
#钢 材	Rolled-steel	99.8	110.9
木　材	Timber	97.6	100.9
水　泥	Cement	98.6	102.1
地方材料	Local Materials	99.9	100.8
化工材料	Chemical Materials	99.3	106.2
电　料	Electric Materials	97.8	100.0
其他材料	Other Materials	101.2	100.2
机械使用费	Machinery Use Cost	102.8	104.9
设备、工器具购置	Purchase of Equipment and Instrument	96.7	97.5
其他费用投资	Other Investment	100.3	101.4

Price Indices of Investment in Fixed Assets(preceding year = 100)

1995	1996	1997	1998	1999	2000	2001
103.1	**107.0**	**100.5**	**98.4**	**98.1**	**100.0**	**100.7**
101.9	108.9	101.4	98.9	97.8	101.5	102.4
108.7	114.2	109	96.0	103.4	100.6	109.0
99.5	97.4	98.7	98.3	96.1	101.8	101.2
97.0	98.2	98.1	97.7	95.0	105.6	100.1
98.9	98.1	100.5	97.5	96.6	100.8	98.8
98.9	99.2	99.0	99.3	95.5	97.8	99.9
99.3	100.6	96.4	98.8	96.3	98.1	103.2
		102.5	97.9	99.3	100.9	100.3
		103.7	98.3	99.7	104.3	100.7
101.4	96.8	102.2	98.8	96.9	97.6	103.5
	118.5	104.5	99.7	100.5	99.8	99.7
104.8	101.7	97.8	96.1	96.9	97.0	96.5
107.0	107.7	100.8	99.6	99.8	99.9	101.3

2004	2005	2006	2007	2008	2009	2010
106.7	**100.8**	**100.1**	**103.5**	**107.9**	**97.0**	**103.8**
110.6	100.9	100.1	104.6	112.1	94.8	106.1
105.7	104.8	104.8	107.3	108.8	106.2	106.9
112.0	99.4	98.6	104.3	113.9	91.1	106.5
120.4	100.8	96.7	106.6	122.7	83.0	107.9
102.5	100.3	100.9	102.8	105.5	100.9	102.3
108.5	97.5	99.2	102.1	108.5	99.5	107.9
103.5	95.3	97.3	102.1	109.6	101.9	104.2
106.4	110.3	111.7	103.0	107.4	90.9	111.1
106.9	100.3	108.6	103.6	101.9	91.5	102.2
105.2	100.8	98.7	101.9	102.4	101.3	102.3
108.7	105.6	102.9	102.4	104.9	101.8	102.4
99.4	97.4	97.3	99.4	99.5	96.1	98.6
104.7	103.2	102.0	104.1	105.4	102.2	102.4

固定资产投资价格指数(1993～2010,以1992年价格为100)

表5－20

指　标	Indices	1993	1994
固定资产投资价格指数	**Price Indices of Investment in Fixed Assets**	**131.4**	**143.0**
建筑安装、装饰工程	Building, Installation and Decoration Projects	134.2	146.0
人工费	Manpower Cost	163.9	192.9
材料费	Materials	146.6	154.4
#钢材	Rolled-steel	116.9	112.3
木　材	Timber	114.1	130.1
水　泥	Cement	115.8	122.5
地方材料	Local Materials	146.0	166.0
化工材料	Chemical Materials		
电　料	Electric Materials		
其他材料	Other Materials	129.4	136.8
机械使用费	Machinery Use Cost		
设备、工器具购置	Purchase of Equipment and Instrument	131.4	147.3
其他费用投资	Other Investment	125.0	131.3

注：化工材料和电料以1996年价格为100。
Note: Figures in Chemical Materials and Electric Materials are calculated with 1996 = 100.

表5－20续表　Continued

指　标	Indices	2002	2003
固定资产投资价格指数	**Price Indices of Investment in Fixed Assets**	**154.5**	**158.2**
建筑安装、装饰工程	Building, Installation and Decoration Projects	168.3	177.1
人工费	Manpower Cost	314	328.2
材料费	Materials	143.4	151.3
#钢　材	Rolled-steel	102.8	114.0
木　材	Timber	116.1	117.2
水　泥	Cement	108.7	111.0
地方材料	Local Materials	153.8	155.1
化工材料	Chemical Materials	100.1	106.3
电　料	Electric Materials	104.4	104.4
其他材料	Other Materials	134.3	134.6
机械使用费	Machinery Use Cost	126.9	133.1
设备、工器具购置	Purchase of Equipment and Instrument	129.4	126.1
其他费用投资	Other Investment	153.9	156.0

Price Indices of Investment in Fixed Assets(1992 = 100)

1995	1996	1997	1998	1999	2000	2001
147.4	**157.7**	**158.5**	**156.0**	**153.0**	**153.0**	**154.1**
148.8	162.0	164.3	162.5	158.9	161.3	165.2
209.7	239.5	261.0	250.6	259.1	260.7	284.2
153.6	149.6	147.7	145.1	139.5	142.0	143.7
109.0	107.0	105.0	102.6	97.4	102.9	103.0
128.6	126.2	126.8	123.7	119.5	120.4	119.0
121.2	120.2	119.0	118.2	112.8	110.4	110.3
164.8	165.8	159.9	157.9	152.1	149.2	154.0
		102.5	100.3	99.6	100.5	100.8
		103.7	101.9	101.6	106.0	106.7
138.7	134.3	137.2	135.6	131.4	128.2	132.7
	118.5	123.8	123.5	124.1	123.8	123.5
154.4	157.0	153.5	147.6	143.0	138.7	133.8
140.4	151.3	152.5	151.9	151.5	151.4	153.4

2004	2005	2006	2007	2008	2009	2010
168.8	**170.2**	**170.4**	**176.3**	**190.2**	**184.5**	**191.5**
195.9	197.6	197.8	206.9	231.9	219.9	233.3
346.9	363.5	381.0	408.9	444.9	472.5	505.1
169.5	168.4	166.1	173.1	197.2	179.6	191.3
137.3	138.4	133.8	142.6	175.0	145.2	156.7
120.1	120.5	121.6	124.9	131.8	133.0	136.0
120.5	117.4	116.5	119.0	129.1	128.5	138.6
160.5	152.9	148.8	151.9	166.5	169.6	176.8
113.2	124.9	139.5	143.6	154.2	140.2	155.8
111.6	111.9	121.5	125.8	128.2	117.3	119.9
141.6	142.7	140.9	143.5	146.9	148.9	152.3
144.7	152.8	157.3	161.1	169.0	172.0	176.2
125.4	122.1	118.8	118.1	117.5	112.9	111.3
163.3	168.6	171.9	179.0	188.7	192.8	197.4

Chapter 6

第六篇

全国及主要城市比较资料

Comparative Information of the Nation and Major Cities

各省(区、市)城镇居民家庭人均可支配收入(2000~2010)
Per Capita Annual Disposable Income of Urban Households by Region

表6-1 单位:元(Unit:yuan)

省(区、市)	Region	2000	2001	2002	2003	2004	2005	2006	2007	2008	2009	2010
全　国	**Nation**	**6 280**	**6 860**	**7 703**	**8 472**	**9 422**	**10 493**	**11 759**	**13 786**	**15 781**	**17 175**	**19 109**
北　京	Beijing	10 350	11 578	12 462	13 883	15 638	17 653	19 978	21 989	24 725	26 738	29 073
天　津	Tianjin	8 141	8 959	9 338	10 313	11 467	12 639	14 283	16 357	19 423	21 402	24 293
河　北	Hebei	5 661	5 985	6 680	7 239	7 951	9 107	10 305	11 690	13 441	14 718	16 263
山　西	Shanxi	4 724	5 391	6 234	7 005	7 903	8 914	10 028	11 565	13 119	13 997	15 648
内蒙古	Inner Mongolia	5 129	5 536	6 051	7 013	8 123	9 137	10 358	12 378	14 431	15 849	17 698
辽　宁	Liaoning	5 358	5 797	6 525	7 241	8 008	9 108	10 370	12 300	14 393	15 761	17 713
吉　林	Jilin	4 810	5 340	6 260	7 005	7 841	8 691	9 775	11 286	12 829	14 006	15 411
黑龙江	Heilongjiang	4 913	5 426	6 100	6 679	7 471	8 273	9 182	10 245	11 581	12 566	13 857
上　海	Shanghai	11 718	12 883	13 250	14 867	16 683	18 645	20 668	23 623	26 675	28 838	31 838
江　苏	Jiangsu	6 800	7 375	8 178	9 262	10 482	12 319	14 084	16 378	18 680	20 552	22 944
浙　江	Zhejiang	9 279	10 465	11 716	13 180	14 546	16 294	18 265	20 574	22 727	24 611	27 359
安　徽	Anhui	5 294	5 669	6 032	6 778	7 511	8 471	9 771	11 474	12 990	14 086	15 788
福　建	Fujian	7 432	8 313	9 189	10 000	11 175	12 321	13 753	15 505	17 961	19 577	21 781
江　西	Jiangxi	5 104	5 506	6 336	6 901	7 560	8 620	9 551	11 452	12 866	14 022	15 481
山　东	Shandong	6 490	7 101	7 614	8 400	9 438	10 745	12 192	14 265	16 305	17 811	19 946
河　南	Henan	4 766	5 267	6 245	6 926	7 705	8 668	9 810	11 477	13 231	14 372	15 930
湖　北	Hubei	5 525	5 856	6 789	7 322	8 023	8 786	9 803	11 486	13 153	14 367	16 058
湖　南	Hunan	6 219	6 781	6 959	7 674	8 617	9 524	10 505	12 294	13 821	15 084	16 566
广　东	Guangdong	9 762	10 415	11 137	12 380	13 628	14 770	16 016	17 699	19 733	21 575	23 898
广　西	Guangxi	5 834	6 666	7 315	7 785	8 690	9 287	9 899	12 200	14 146	15 451	17 064
海　南	Hainan	5 358	5 839	6 823	7 259	7 736	8 124	9 395	10 997	12 608	13 751	15 581
重　庆	Chongqing	6 276	6 721	7 238	8 094	9 221	10 243	11 570	12 591	14 368	15 749	17 532
四　川	Sichuan	5 894	6 360	6 611	7 042	7 710	8 386	9 350	11 098	12 633	13 839	15 461
贵　州	Guizhou	5 122	5 452	5 944	6 569	7 322	8 151	9 117	10 678	11 759	12 863	14 143
云　南	Yunnan	6 325	6 798	7 240	7 644	8 871	9 266	10 070	11 496	13 250	14 424	16 065
西　藏	Tibet	7 426			8 765	9 167	9 431	8 941	11 131	12 482	13 544	14 980
陕　西	Shanxi	5 124	5 484	6 331	6 806	7 492	8 272	9 268	10 763	12 858	14 129	15 695
甘　肃	Gansu	4 916	5 383	6 151	6 657	7 377	8 087	8 921	10 012	10 969	11 930	13 189
青　海	Qinghai	5 170	5 854	6 200	6 745	7 320	8 058	9 000	10 276	11 648	12 692	13 855
宁　夏	Ningxia	4 912	5 544	6 067	6 530	7 218	8 094	9 177	10 859	12 932	14 025	15 344
新　疆	Xinjiang	5 645	6 395	6 899	7 174	7 503	7 990	8 871	10 313	11 432	12 258	13 644

各省(区、市)城镇居民家庭人均消费支出(2000～2010)
Per Capita Annual Consumption Expenditures of Urban Households by Region

表6－2　　　　单位:元(Unit:yuan)

省(区、市)	Region	2000	2001	2002	2003	2004	2005	2006	2007	2008	2009	2010
全　国	**Nation**	**4 998**	**5 309**	**6 030**	**6 511**	**7 182**	**7 943**	**8 697**	**9 997**	**11 243**	**12 265**	**13 471**
北　京	Beijing	8 493	8 923	10 285	11 124	12 200	13 244	14 825	15 330	16 460	17 893	19 934
天　津	Tianjin	6 121	6 987	7 192	7 868	8 802	9 653	10 548	12 029	13 422	14 801	16 562
河　北	Hebei	4 349	4 480	5 069	5 440	5 819	6 700	7 343	8 235	9 087	9 679	10 318
山　西	Shanxi	3 942	4 123	4 711	5 105	5 654	6 343	7 171	8 102	8 807	9 355	9 793
内蒙古	Inner Mongolia	3 928	4 196	4 860	5 419	6 219	6 929	7 667	9 281	10 827	12 370	13 995
辽　宁	Liaoning	4 356	4 654	5 343	6 078	6 543	7 369	7 987	9 430	11 231	12 325	13 280
吉　林	Jilin	4 021	4 337	4 974	5 492	6 069	6 795	7 353	8 560	9 729	10 914	11 679
黑龙江	Heilongjiang	3 824	4 192	4 462	5 015	5 568	6 178	6 655	7 519	8 623	9 630	10 684
上　海	Shanghai	8 868	9 336	10 464	11 040	12 631	13 773	14 762	17 255	19 398	20 992	23 200
江　苏	Jiangsu	5 323	5 533	6 043	6 709	7 332	8 622	9 629	10 715	11 978	13 153	14 357
浙　江	Zhejiang	7 020	7 952	8 713	9 713	10 636	12 254	13 349	14 091	15 158	16 683	17 858
安　徽	Anhui	4 233	4 518	4 737	5 064	5 711	6 368	7 295	8 532	9 524	10 234	11 513
福　建	Fujian	5 639	6 015	6 632	7 356	8 161	8 794	9 808	11 055	12 501	13 451	14 750
江　西	Jiangxi	3 624	3 895	4 549	4 915	5 338	6 109	6 646	7 811	8 717	9 740	10 619
山　东	Shandong	5 022	5 252	5 596	6 069	6 674	7 457	8 468	9 667	11 007	12 013	13 118
河　南	Henan	3 831	4 110	4 505	4 942	5 294	6 038	6 685	7 827	8 837	9 567	10 838
湖　北	Hubei	4 645	4 805	5 609	5 963	6 399	6 737	7 397	8 701	9 478	10 294	11 451
湖　南	Hunan	5 219	5 546	5 575	6 083	6 885	7 505	8 169	8 991	9 946	10 828	11 825
广　东	Guangdong	8 017	8 100	8 988	9 636	10 695	11 810	12 432	14 337	15 528	16 858	18 490
广　西	Guangxi	4 852	5 225	5 413	5 764	6 446	7 033	6 792	8 151	9 627	10 352	11 490
海　南	Hainan	4 083	4 368	5 460	5 502	5 802	5 929	7 127	8 293	9 408	10 087	10 927
重　庆	Chongqing	5 570	5 874	6 360	7 118	7 973	8 623	9 399	9 890	11 147	12 144	13 335
四　川	Sichuan	4 856	5 176	5 413	5 759	6 371	6 891	7 525	8 692	9 679	10 860	12 105
贵　州	Guizhou	4 278	4 274	4 598	4 949	5 494	6 159	6 848	7 759	8 349	9 048	10 058
云　南	Yunnan	5 185	5 253	5 828	6 024	6 837	6 997	7 380	7 922	9 077	10 202	11 074
西　藏	Tibet	5 554			8 045	8 446	8 617	6 193	7 532	8 324	9 034	9 686
陕　西	Shanxi	4 277	4 638	5 378	5 667	6 233	6 656	7 553	8 427	9 772	10 706	11 822
甘　肃	Gansu	4 126	4 420	5 064	5 299	5 937	6 529	6 974	7 876	8 309	8 891	9 895
青　海	Qinghai	4 186	4 699	5 045	5 400	5 759	6 245	6 530	7 512	8 203	8 787	9 614
宁　夏	Ningxia	4 201	4 595	5 105	5 330	5 821	6 404	7 206	7 817	9 558	10 280	11 334
新　疆	Xinjiang	4 423	4 931	5 636	5 541	5 774	6 208	6 730	7 874	8 669	9 328	10 197

36 个大中城市居民家庭人均可支配收入(2000～2010)
Per Capita Annual Disposable Income of Urban Households in 36 Major Cities

表 6－3　　单位:元(Unit:yuan)

城　市	City	2000	2001	2002	2003	2004	2005	2006	2007	2008	2009	2010
36 个城市平均	**Average**	**8 393**	**9 141**	**9 422**	**9 920**	**11 167**	**13 083**	**14 835**	**17 189**	**19 852**	**21 502**	**24 015**
北　京	Beijing	10 350	11 578	12 462	13 883	15 638	17 653	19 978	23 029	26 049	28 165	30 665
天　津	Tianjin	8 141	8 959	9 338	10 313	11 467	12 639	14 283	16 357	19 423	21 402	24 293
石家庄	Shijiazhuang	6 443	6 805	7 240	7 740	8 628	10 040	11 495	13 205	15 062	16 607	18 290
太　原	Taiyuan	6 019	6 500	7 377	8 264	9 353	10 476	11 740	13 745	15 230	15 607	17 258
呼和浩特	Hohhot	5 582	6 182	6 996	8 230	10 166	12 539	13 831	17 024	20 376	22 295	24 630
沈　阳	Shenyang	5 851	6 386	7 050	7 961	8 924	10 098	11 651	14 607	17 013	18 475	20 541
大　连	Dalian	6 861	7 418	8 200	9 101	10 378	11 994	13 350	15 109	17 500	19 014	21 293
长　春	Changchun	5 568	6 339	6 963	7 905	8 901	10 064	11 359	12 811	15 003	16 072	17 922
哈尔滨	Harbin	5 632	6 407	7 004	7 907	8 940	10 065	11 231	12 772	14 589	15 887	17 557
上　海	Shanghai	11 718	12 883	13 250	14 867	16 683	18 645	20 668	23 623	26 675	28 838	31 838
南　京	Nanjing	8 233	8 848	9 157	10 194	11 489	14 997	17 538	20 317	23 123	25 504	28 312
杭　州	Hangzhou	9 668	10 702	11 432	12 892	14 542	16 602	19 027	21 689	24 104	26 864	30 035
宁　波	Ningbo	10 921	11 991	12 970	14 277	15 881	17 410	19 674	22 307	25 304	27 368	30 166
合　肥	Hefei	6 389	6 817	7 145	7 782	8 610	9 684	11 013	13 426	15 591	17 158	19 051
福　州	Fuzhou	8 300	9 053	9 191	10 183	11 516	12 757	14 321	16 765	19 129	20 748	23 246
厦　门	Xiamen	10 813	11 365	11 768	12 915	14 445	16 404	18 513	21 503	23 948	26 131	29 253
南　昌	Nanchang	5 734	6 206	7 021	7 793	8 744	10 301	11 243	13 253	15 112	16 472	18 276
济　南	Jinan	8 471	9 565	10 094	11 013	12 005	13 578	15 340	18 005	20 802	22 722	25 321
青　岛	Qingdao	8 016	8 731	8 721	10 074	11 089	12 920	15 328	17 856	20 464	22 368	24 998
郑　州	Zhengzhou	6 458	7 266	7 772	8 647	9 523	10 977	12 187	14 084	15 940	17 417	19 376
武　汉	Wuhan	6 761	7 305	7 816	8 520	9 564	10 850	12 356	14 358	16 712	18 389	20 806
长　沙	Changsha	7 986	8 651	8 868	9 943	11 029	12 434	13 924	16 153	18 282	20 004	22 284
广　州	Guangzhou	13 622	14 416	13 361	15 003	16 884	18 287	19 851	22 469	25 317	27 610	30 658
深　圳	Shenzhen	21 577	22 673	21 914	23 906	25 865	28 665	32 009	33 593	26 729	29 245	32 381
南　宁	Nanning	7 448	7 906	8 796	9 162	9 531	10 078	10 905	12 955	14 983	16 531	17 741
海　口	Haikou	7 103	7 755	8 004	8 352	8 982	9 740	10 712	12 289	14 150	15 237	16 720
重　庆	Chongqing	6 276	6 721	7 238	8 094	9 221	10 243	11 570	13 715	15 709	16 588	19 100
成　都	Chengdu	7 649	8 128	8 232	8 823	10 394	11 359	12 789	14 849	16 943	18 659	20 835
贵　阳	Guiyang	6 453	6 909	7 306	7 980	8 989	9 928	11 222	12 781	13 817	15 041	16 597
昆　明	Kunming	7 563	7 405	7 381	7 979	9 126	9 516	10 801	12 021	14 468	15 674	17 958
拉　萨	Lhasa								12 376	13 941	15 114	16 567
西　安	Xi'an	6 364	6 705	7 184	7 749	8 544	9 628	10 905	12 662	15 035	16 560	18 404
兰　州	Lanzhou	5 850	6 325	6 555	7 094	7 683	8 529	9 418	10 271	11 677	12 761	14 062
西　宁	Xining	5 298	6 041	6 433	7 040		8 397	9 335	10 636	11 929	12 911	14 085
银　川	Yinchuan	5 622	6 257	6 845	7 247	7 984	8 859	10 068	12 185	14 458	15 715	17 073
乌鲁木齐	Urumqi	7 252	7 897	8 092	8 370	8 948	9 605	10 432	11 373	12 328	13 075	14 402

36个大中城市居民家庭人均消费支出(2000～2010)
Per Capita Annual Consumption Expenditures of Urban Households in 36 Major Cities

表6－4　　单位:元(Unit:yuan)

城　市	City	2000	2001	2002	2003	2004	2005	2006	2007	2008	2009	2010
36个城市平均	**Average**	**6 879**	**7 272**	**7 694**	**7 750**	**8 524**	**10 014**	**11 098**	**12 667**	**14 421**	**15 604**	**17 295**
北　京	Beijing	8 493	8 923	10 285	11 124	12 200	13 244	14 825	16 317	17 573	19 076	21 281
天　津	Tianjin	6 121	6 987	7 192	7 868	8 802	9 653	10 548	12 029	13 422	14 801	16 562
石家庄	Shijiazhuang	5 247	5 579	5 821	6 094	6 532	7 261	8 287	9 189	9 953	10 078	10 568
太　原	Taiyuan	5 341	5 165	5 988	6 374	7 110	7 806	9 157	10 941	10 799	11 708	12 106
呼和浩特	Hohhot	4 613	4 866	5 524	6 332	7 481	8 938	9 799	11 770	13 081	14 729	16 902
沈　阳	Shenyang	5 103	5 515	6 074	6 690	7 213	7 863	8 670	11 256	14 668	16 111	16 961
大　连	Dalian	6 073	6 512	7 118	7 760	8 672	9 996	10 534	12 135	14 101	15 330	16 580
长　春	Changchun	5 113	5 595	6 147	6 766	7 539	8 321	8 881	10 217	12 720	13 409	14 400
哈尔滨	Harbin	4 508	5 045	5 500	6 229	7 043	7 897	8 515	9 294	10 791	12 358	13 940
上　海	Shanghai	8 868	9 336	10 464	11 040	12 631	13 773	14 762	17 255	19 398	20 992	23 200
南　京	Nanjing	7 047	7 326	7 323	7 723	8 350	10 704	12 234	13 278	15 133	16 339	18 156
杭　州	Hangzhou	7 790	9 150	9 598	10 071	11 661	13 439	14 472	14 896	16 719	18 595	20 219
宁　波	Ningbo	7 997	9 463	9 396	10 463	11 282	11 762	12 666	13 921	16 379	18 203	19 420
合　肥	Hefei	5 040	5 599	5 721	6 234	6 998	7 398	8 165	9 936	11 752	12 695	14 012
福　州	Fuzhou	6 417	6 493	6 671	7 380	8 093	8 428	9 671	11 892	13 596	14 575	16 323
厦　门	Xiamen	9 047	8 490	8 504	9 458	10 743	11 849	14 166	16 380	17 117	17 990	19 961
南　昌	Nanchang	3 925	4 294	4 790	5 079	5 864	7 064	7 548	10 064	11 551	12 406	13 899
济　南	Jinan	6 892	7 465	7 818	8 395	8 581	9 227	10 713	12 390	13 905	14 764	15 973
青　岛	Qingdao	6 677	6 849	7 344	8 055	9 002	9 883	11 945	13 376	14 999	16 080	17 531
郑　州	Zhengzhou	5 444	5 894	5 666	6 127	6 524	7 398	7 731	8 757	9 447	10 224	12 588
武　汉	Wuhan	6 075	6 342	6 833	7 252	7 793	8 235	9 180	10 600	11 433	12 710	14 490
长　沙	Changsha	7 370	7 683	7 740	8 558	9 056	9 660	10 680	12 288	12 960	14 167	15 770
广　州	Guangzhou	10 989	11 137	10 672	11 571	13 121	14 468	15 445	18 951	20 836	22 821	25 012
深　圳	Shenzhen	18 201	18 006	17 921	17 372	17 810	21 189	23 987	24 365	19 779	21 526	22 807
南　宁	Nanning	6 705	7 107	6 970	7 217	7 329	7 882	8 160	9 459	10 268	11 120	12 867
海　口	Haikou	5 424	6 154	6 625	6 609	6 778	7 368	8 102	10 203	11 138	11 674	12 401
重　庆	Chongqing	5 570	5 874	6 360	7 118	7 973	8 623	9 399	10 876	12 269	12 761	14 755
成　都	Chengdu	6 423	6 801	6 874	7 063	8 997	9 642	10 302	11 703	12 850	14 088	15 511
贵　阳	Guiyang	5 550	5 776	5 801	6 324	6 912	7 693	8 808	10 183	10 507	11 519	12 940
昆　明	Kunming	6 845	5 974	6 149	6 472	7 130	7 278	7 902	8 726	10 045	11 587	13 338
拉　萨	Lhasa								9 744	10 445	11 083	11 687
西　安	Xi'an	5 446	5 816	6 419	6 805	7 428	7 900	8 987	10 098	11 594	12 734	14 160
兰　州	Lanzhou	5 048	5 239	5 688	5 679	6 483	7 180	7 469	8 050	9 034	9 653	10 930
西　宁	Xining	4 245	4 775	5 131	5 520	5 876	6 408	6 723	7 636	8 278	8 717	9 421
银　川	Yinchuan	5 369	5 508	5 979	6 094		7 314	8 288	9 176	11 455	12 272	13 589
乌鲁木齐	Urumqi	5 644	6 066	6 636	6 335	6 591	7 052	7 381	8 123	8 752	9 045	10 239

各省(区、市)居民消费价格指数(1981～2010,以上年价格为100)
Consumer Price Indices by Region(preceding year＝100)

表6－5

省(区、市)	Region	1981	1982	1983	1984	1985	1986	1987	1988	1989	1990
全　国	**Nation**	**102.5**	**102.0**	**102.0**	**102.7**	**109.3**	**106.5**	**107.3**	**118.8**	**118.0**	**103.1**
北　京	Beijing	101.3	101.8	100.5	102.2	117.6	106.8	108.6	120.4	117.2	105.4
天　津	Tianjin	101.3	100.5	100.5	101.8	113.1	106.8	106.8	116.9	114.7	103.0
河　北	Hebei	103.2	100.9	102.0	103.1	108.1	105.7	107.8	118.0	118.7	100.6
山　西	Shanxi		102.3	101.5	103.0	108.5	105.6	107.4	120.9	119.5	102.2
内蒙古	Inner Mongolia	101.9	101.7	101.2	104.9	109.3	105.2	107.8	116.3	115.3	102.3
辽　宁	Liaoning	102.0	101.4	101.7	103.6			108.8	119.3	118.2	103.3
吉　林	Jilin	101.6	104.2	104.5	103.6			107.6	120.3	117.2	104.9
黑龙江	Heilongjiang	102.1	103.0	102.5	104.4	111.8	106.2	109.4	118.0	114.6	105.7
上　海	Shanghai	101.4	100.3	100.2	102.2	115.2	106.3	108.1	120.1	115.9	106.3
江　苏	Jiangsu	101.0	100.9	100.5	104.1	109.5	107.1	109.2	121.9	117.1	103.2
浙　江	Zhejiang	101.7	101.9	102.8	103.7	114.8	106.2	108.8	121.5	118.2	102.1
安　徽	Anhui	103.2	100.1	102.2	102.1	107.1	106.2	109.1	120.9	117.2	102.7
福　建	Fujian	103.8	103.1	102.0	102.8	111.3	106.5	109.4	126.5	118.9	99.3
江　西	Jiangxi	103.8	103.1	101.9	102.6	109.0	106.6	106.6	121.8	118.5	102.1
山　东	Shandong	101.8	100.9	102.4	101.6	108.7	104.8	108.3	118.7	117.3	103.4
河　南	Henan	102.4	101.8	102.9	102.2		105.3	106.3	119.4	118.7	100.7
湖　北	Hubei	102.1	100.9	101.7	102.9	108.4	105.5	107.5	119.0	116.3	104.2
湖　南	Hunan	101.8	101.6	102.7	103.4	110.9	105.3	109.8	125.6	118.2	100.4
广　东	Guangdong	106.3	102.6	102.8	101.9	114.8	104.9	111.1	129.4	122.1	97.5
广　西	Guangxi	102.7	104.1	103.0	104.6	113.0	106.2	108.2	120.8	121.1	101.1
海　南	Hainan								128.1	128.4	102.1
重　庆	Chongqing										
四　川	Sichuan	102.7	102.2	101.2	102.2	107.3	104.7	107.6	119.9	119.8	103.8
贵　州	Guizhou	103.1	103.6	101.6	102.8	107.7	105.4	107.1	119.8	118.3	101.8
云　南	Yunnan	100.8	101.7	100.6	101.9	108.2	106.1	107.0	119.8	118.6	102.8
西　藏	Tibet										
陕　西	Shanxi	103.6	100.4	102.2	103.4	107.4	106.1	108.2	118.8	118.5	102.4
甘　肃	Gansu	102.7	102.2	100.6	103.3	109.2	106.6	107.6	119.1	117.9	103.2
青　海	Qinghai	101.3	101.8	100.7	103.4	110.7	106.2	107.2	118.0	117.5	105.1
宁　夏	Ningxia	102.1	102.8	101.6	103.3	108.6	105.8	107.3	117.1	117.2	107.1
新　疆	Xinjiang	102.4	100.1	102.2	102.4		107.3	107.2	114.7	116.0	105.0

表6-5续表1 Continued

省(区、市)	Region	1991	1992	1993	1994	1995	1996	1997	1998	1999	2000
全 国	**Nation**	**103.4**	**106.4**	**114.7**	**124.1**	**117.1**	**108.3**	**102.8**	**99.2**	**98.6**	**100.4**
北 京	Beijing	111.9	109.9	119.0	124.9	117.3	111.6	105.3	102.4	100.6	103.5
天 津	Tianjin	110.2	111.4	117.6	124.0	115.3	109.0	103.1	99.5	98.9	99.6
河 北	Hebei	103.4	106.1	113.8	122.6	115.2	107.1	103.5	98.4	98.1	99.7
山 西	Shanxi	104.8	107.3	115.1	125.2	116.9	107.9	103.1	98.6	99.6	103.9
内蒙古	Inner Mongolia	104.6	107.4	114.1	122.9	117.5	107.6	104.5	99.3	99.8	101.3
辽 宁	Liaoning	105.6	106.7	115.2	124.3	116.1	107.9	103.1	99.3	98.6	99.9
吉 林	Jilin	106.8	108.0	112.6	120.6	115.2	107.2	103.7	99.2	98.0	98.6
黑龙江	Heilongjiang	107.4	109.2	114.8	121.9	116.1	107.1	104.4	100.4	96.8	98.3
上 海	Shanghai	110.5	110.0	120.2	123.9	118.7	109.2	102.8	100.0	101.5	102.5
江 苏	Jiangsu	104.9	106.6	118.2	123.2	115.8	109.3	101.7	99.4	98.7	100.1
浙 江	Zhejiang	103.5	107.5	119.8	124.8	116.6	107.9	102.8	99.7	98.8	101.0
安 徽	Anhui	106.1	108.2	114.7	126.9	114.8	109.9	101.3	100.0	97.8	100.7
福 建	Fujian	103.5	105.9	115.4	125.3	115.2	105.9	101.7	99.7	99.1	102.1
江 西	Jiangxi	102.8	105.7	114.6	126.9	116.9	108.4	102.0	101.0	98.6	100.3
山 东	Shandong	104.9	106.8	112.7	123.4	117.6	109.6	102.8	99.4	99.3	100.2
河 南	Henan	102.3	105.4	110.4	125.2	116.5	110.5	103.5	97.5	96.9	99.2
湖 北	Hubei	104.9	109.6	118.4	125.3	120.0	109.4	103.2	98.4	97.8	99.0
湖 南	Hunan	104.4	110.7	116.8	125.3	119.0	107.7	102.8	100.2	100.5	101.4
广 东	Guangdong	101.2	107.3	121.6	121.7	114.0	107.0	101.9	98.2	98.2	101.4
广 西	Guangxi	102.8	105.9	122.0	126.0	118.4	106.5	100.8	97.0	97.7	99.7
海 南	Hainan	103.9	108.7	123.3	126.7	113.5	104.3	100.8	97.3	98.3	101.1
重 庆	Chongqing							103.1	96.4	99.3	96.7
四 川	Sichuan	103.0	107.4	116.8	124.6	118.5	109.3	105.1	99.6	98.5	100.1
贵 州	Guizhou	104.4	107.8	116.0	122.8	121.4	109.1	103.4	100.1	99.2	99.5
云 南	Yunnan	103.1	108.9	121.3	119.2	121.3	108.7	104.3	101.7	99.7	97.9
西 藏	Tibet									100.0	99.9
陕 西	Shanxi	106.6	110.3	113.1	126.7	119.0	109.7	104.8	98.4	97.8	99.5
甘 肃	Gansu	104.9	107.2	115.4	123.7	119.8	110.2	102.9	99.0	97.6	99.5
青 海	Qinghai	107.6	108.0	113.2	121.8	118.0	110.8	104.8	100.7	99.5	99.5
宁 夏	Ningxia	106.3	108.3	114.3	123.1	117.1	106.8	103.8	100.0	98.7	99.6
新 疆	Xinjiang	108.6	108.6	113.0	126.7	119.7	110.5	103.7	100.2	97.4	99.4

表6－5续表2 Continued

省(区、市)	Region	2001	2002	2003	2004	2005	2006	2007	2008	2009	2010
全　国	**Nation**	**100.7**	**99.2**	**101.2**	**103.9**	**101.8**	**101.5**	**104.8**	**105.9**	**99.3**	**103.3**
北　京	Beijing	103.5	98.2	100.2	101.0	101.5	100.9	102.4	105.1	98.5	102.4
天　津	Tianjin	101.2	99.6	101.0	102.3	101.5	101.5	104.2	105.4	99.0	103.5
河　北	Hebei	100.5	99.0	102.2	104.3	101.8	101.7	104.7	106.2	99.3	103.1
山　西	Shanxi	99.8	98.4	101.8	104.1	102.3	102.0	104.6	107.2	99.6	103.0
内蒙古	Inner Mongolia	100.6	100.2	102.2	102.9	102.4	101.5	104.6	105.7	99.7	103.2
辽　宁	Liaoning	100.0	98.9	101.7	103.5	101.4	101.2	105.1	104.6	100.0	103.0
吉　林	Jilin	101.3	99.5	101.2	104.1	101.5	101.4	104.8	105.1	100.1	103.7
黑龙江	Heilongjiang	100.8	99.3	100.9	103.8	101.2	101.9	105.4	105.6	100.2	103.9
上　海	Shanghai	100.0	100.5	100.1	102.2	101.0	101.2	103.2	105.8	99.6	103.1
江　苏	Jiangsu	100.8	99.2	101.0	104.1	102.1	101.6	104.3	105.4	99.6	103.8
浙　江	Zhejiang	99.8	99.1	101.9	103.9	101.3	101.1	104.2	105.0	98.5	103.8
安　徽	Anhui	100.5	99.0	101.7	104.5	101.4	101.2	105.3	106.2	99.1	103.1
福　建	Fujian	98.7	99.5	100.8	104.0	102.2	100.8	105.2	104.6	98.2	103.2
江　西	Jiangxi	99.5	100.1	100.8	103.5	101.7	101.2	104.8	106.0	99.3	103.0
山　东	Shandong	101.8	99.3	101.1	103.6	101.7	101.0	104.4	105.3	100.0	102.9
河　南	Henan	100.7	100.1	101.6	105.4	102.1	101.3	105.4	107.0	99.4	103.5
湖　北	Hubei	100.3	99.6	102.2	104.9	102.9	101.6	104.8	106.3	99.6	102.9
湖　南	Hunan	99.1	99.5	102.4	105.1	102.3	101.4	105.6	106.0	99.6	103.1
广　东	Guangdong	99.3	98.6	100.6	103.0	102.3	101.8	103.7	105.6	97.7	103.1
广　西	Guangxi	100.6	99.1	101.1	104.4	102.4	101.3	106.1	107.8	97.9	103.0
海　南	Hainan	98.5	99.5	100.1	104.4	101.5	101.5	105.0	106.9	99.3	104.8
重　庆	Chongqing	101.7	99.6	100.6	103.7	100.8	102.4	104.7	105.6	98.4	103.2
四　川	Sichuan	102.1	99.7	101.7	104.9	101.7	102.3	105.9	105.1	100.8	103.2
贵　州	Guizhou	101.8	99.0	101.2	104.0	101.0	101.7	106.4	107.6	98.7	102.9
云　南	Yunnan	99.1	99.8	101.2	106.0	101.4	101.9	105.9	105.7	100.4	103.7
西　藏	Tibet	100.1	100.4	100.9	102.7	101.5	102.0	103.4	105.7	101.4	102.2
陕　西	Shanxi	101.0	98.9	101.7	103.1	101.2	101.5	105.1	106.4	100.5	104.0
甘　肃	Gansu	104.0	100.0	101.1	102.3	101.7	101.3	105.5	108.2	101.3	104.1
青　海	Qinghai	102.6	102.3	102.0	103.2	100.8	101.6	106.6	110.1	102.6	105.4
宁　夏	Ningxia	101.6	99.4	101.7	103.7	101.5	101.9	105.4	108.5	100.7	104.1
新　疆	Xinjiang	104.0	99.4	100.4	102.7	100.7	101.3	105.5	108.1	100.7	104.3

36个大中城市居民消费价格指数(2000～2010,以上年价格为100)
Consumer Price Indices in 36 Major Cities(preceding year=100)

表6-6

城　市	City	2000	2001	2002	2003	2004	2005	2006	2007	2008	2009	2010
36个城市平均	**Average**	**101.3**	**100.7**	**99.2**	**100.7**	**102.4**	**101.4**	**101.5**	**103.9**	**105.7**	**99.2**	**103.1**
北　京	Beijing	103.5	103.2	98.2	100.2	101.0	101.5	100.9	102.4	105.1	98.5	102.4
天　津	Tianjin	99.6	101.2	99.6	101.0	102.3	101.5	101.5	104.2	105.4	99.0	103.5
石家庄	Shijiazhuang	101.7	100.1	98.9	102.0	102.5	101.5	101.8	104.3	106.7	100.3	103.0
太　原	Taiyuan	103.6	98.8	97.4	101.9	103.9	101.1	101.6	104.1	107.4	99.9	103.0
呼和浩特	Hohhot	103.0	100.4	99.7	101.7	102.4	102.2	101.7	103.7	104.6	100.1	102.6
沈　阳	Shenyang	100.1	99.9	100.4	100.9	102.2	100.7	101.8	104.5	104.4	99.9	102.9
大　连	Dalian	99.6	99.5	98.0	100.6	102.6	101.4	101.4	104.0	104.4	100.2	102.7
长　春	Changchun	98.8	102.3	99.7	101.0	104.1	101.7	101.3	103.7	104.4	99.8	103.6
哈尔滨	Harbin	100.2	101.0	99.6	100.1	103.1	100.5	101.1	104.1	104.7	100.2	103.7
上　海	Shanghai	102.5	100.0	100.5	100.1	102.2	101.0	101.2	103.2	105.8	99.6	103.1
南　京	Nanjing	100.0	99.9	97.9	101.4	103.0	102.1	101.7	103.7	106.2	100.1	104.2
杭　州	Hangzhou	100.8	99.4	98.8	99.5	102.5	101.7	101.2	103.5	104.9	98.6	103.9
宁　波	Ningbo	100.3	99.3	99.2	101.2	102.7	102.0	101.9	103.9	105.0	99.4	103.7
合　肥	Hefei	101.3	99.4	99.1	101.2	102.2	100.9	100.9	105.6	106.4	99.1	102.7
福　州	Fuzhou	102.9	99.0	99.6	99.4	103.9	102.5	100.3	104.1	104.2	98.7	103.5
厦　门	Xiamen	106.3	98.5	98.4	101.0	103.1	101.0	100.8	104.6	104.9	97.3	103.0
南　昌	Nanchang	102.6	100.6	100.6	100.5	103.2	101.0	101.9	104.3	106.1	99.7	103.3
济　南	Jinan	100.6	100.3	98.8	99.9	102.5	101.1	100.9	103.9	105.7	100.3	102.1
青　岛	Qingdao	103.3	101.0	98.9	101.4	102.1	102.3	100.9	104.5	104.7	100.5	102.2
郑　州	Zhengzhou	99.0	100.7	100.1	102.0	105.7	102.4	101.4	105.6	106.1	99.8	103.0
武　汉	Wuhan	100.6	99.5	98.6	102.3	103.3	102.7	101.4	104.1	105.7	99.4	103.0
长　沙	Changsha	101.7	98.4	99.2	100.9	103.2	101.9	101.1	104.9	105.2	99.4	102.9
广　州	Guangzhou	102.8	98.9	97.6	100.1	101.7	101.5	102.3	103.4	105.9	97.5	103.2
深　圳	Shenzhen	102.8	97.8	101.2	100.7	101.3	101.6	102.2	104.1	105.9	98.7	103.5
南　宁	Nanning	100.0	102.9	99.4	100.8	104.2	101.1	102.5	104.4	108.4	98.2	102.5
海　口	Haikou	101.5	98.8	99.2	99.8	103.0	101.3	101.3	104.4	105.8	99.9	104.2
重　庆	Chongqing	96.7	101.7	99.6	100.6	103.7	100.8	102.4	104.7	105.6	98.4	103.2
成　都	Chengdu	100.2	100.8	98.7	102.1	103.9	102.3	101.8	105.2	104.3	100.3	103.0
贵　阳	Guiyang	98.7	103.3	98.4	100.8	102.1	100.7	101.1	105.1	107.0	97.7	102.9
昆　明	Kunming	97.5	100.6	99.2	101.6	106.5	102.0	101.6	105.8	105.8	100.8	104.2
拉　萨	Lhasa	100.2	99.9	101.1	100.4	101.8	101.3	100.6	103.2	106.4	101.7	102.2
西　安	Xi'an	100.2	99.9	98.6	100.5	102.3	100.3	101.6	104.7	106.0	99.7	103.5
兰　州	Lanzhou	99.3	102.1	99.3	100.9	101.1	100.6	101.7	105.3	107.2	99.6	103.8
西　宁	Xining	99.9	103.2	101.4	101.8	102.6	99.9	101.8	106.4	108.2	102.2	104.5
银　川	Yinchuan	99.2	101.4	99.5	101.7	103.2	101.7	101.6	105.3	107.6	99.7	103.8
乌鲁木齐	Urumqi	100.7	105.0	98.5	100.6	100.9	99.5	100.1	104.6	107.0	100.4	102.7

各省(区、市)商品零售价格指数(1981～2010,以上年价格为100)
Retail Price Indices by Region(preceding year＝100)

表6－7

省(区、市)	Region	1981	1982	1983	1984	1985	1986	1987	1988	1989	1990
全　国	**Nation**	**102.4**	**101.9**	**101.5**	**102.8**	**108.8**	**106.0**	**107.3**	**118.5**	**117.8**	**102.1**
北　京	Beijing	101.4	102.0	100.6	102.1	118.6	106.7	108.7	121.9	118.5	104.1
天　津	Tianjin	101.5	100.5	100.5	101.8	113.9	107.2	106.9	117.7	115.1	102.7
河　北	Hebei	102.1	101.5	101.4	103.4	107.8	105.2	108.3	118.1	118.4	99.9
山　西	Shanxi	102.3	102.2	101.2	103.0	107.6	105.3	107.5	121.0	119.1	102.1
内蒙古	Inner Mongolia	101.8	101.7	101.0	104.4	108.5	105.0	108.1	116.3	115.9	102.9
辽　宁	Liaoning	101.6	101.2	101.5	103.9	110.0	106.0	109.0	119.3	118.4	102.7
吉　林	Jilin	101.7	103.0	102.6	104.2	109.7	105.4	107.5	119.9	116.9	103.9
黑龙江	Heilongjiang	102.1	102.8	102.2	104.4	111.7	105.9	109.6	117.8	114.0	104.9
上　海	Shanghai	101.5	100.3	100.1	102.2	116.4	106.7	108.8	121.3	116.7	104.8
江　苏	Jiangsu	101.6	101.1	100.8	103.5	109.2	106.5	109.3	121.7	118.0	102.3
浙　江	Zhejiang	101.5	100.9	102.0	103.4	114.0	106.0	109.5	122.1	117.8	101.6
安　徽	Anhui	101.7	101.0	101.1	102.0	106.4	105.2	109.7	121.8	117.1	101.9
福　建	Fujian	103.4	103.6	101.5	101.9	110.6	105.9	109.4	126.5	118.8	98.9
江　西	Jiangxi	104.6	102.9	101.4	102.5	108.3	105.8	106.9	121.8	118.6	101.3
山　东	Shandong	101.8	100.9	100.5	102.6	107.1	104.2	108.0	118.3	117.1	101.8
河　南	Henan	101.6	101.5	102.3	102.1	104.9	105.0	108.1	120.2	118.3	99.7
湖　北	Hubei	101.4	100.7	101.4	103.0	107.5	104.2	107.6	119.5	117.0	102.9
湖　南	Hunan	100.9	101.7	102.4	103.1	111.1	104.8	110.6	125.9	118.1	99.4
广　东	Guangdong	109.3	102.3	100.7	101.2	113.6	104.8	111.7	130.2	121.0	95.6
广　西	Guangxi	101.7	103.1	102.8	104.2	111.2	105.1	108.0	121.0	121.3	100.1
海　南	Hainan								127.8	126.8	100.6
重　庆	Chongqing										
四　川	Sichuan	101.8	102.3	100.7	102.3	106.8	103.9	107.5	120.0	118.3	103.1
贵　州	Guizhou	102.3	102.0	100.7	102.5	107.7	105.3	107.3	120.2	117.4	101.4
云　南	Yunnan	101.2	101.9	101.0	102.7	108.0	105.0	106.6	199.6	119.3	102.1
西　藏	Tibet										
陕　西	Shanxi	103.0	101.0	101.5	103.9	106.5	105.2	108.6	119.0	118.8	101.6
甘　肃	Gansu	102.0	101.4	100.2	103.0	108.5	106.0	107.4	118.6	116.4	103.4
青　海	Qinghai	101.4	101.8	100.7	103.8	110.7	106.1	107.3	118.3	117.7	104.5
宁　夏	Ningxia	102.0	102.5	101.1	103.2	107.8	104.9	108.0	117.5	117.8	104.2
新　疆	Xinjiang	101.6	100.2	101.5	103.1	108.1	106.7	107.1	114.6	116.7	104.1

表6－7续表1　Continued

省(区、市)	Region	1991	1992	1993	1994	1995	1996	1997	1998	1999	2000
全　国	**Nation**	**102.9**	**105.4**	**113.2**	**121.7**	**114.8**	**106.1**	**100.8**	**97.4**	**97.0**	**98.5**
北　京	Beijing	108.5	108.3	116.9	117.9	112.6	107.3	103.8	98.3	98.8	98.9
天　津	Tianjin	108.0	109.4	114.3	115.6	110.6	105.1	100.7	96.6	97.5	98.6
河　北	Hebei	102.8	105.2	110.5	121.4	115.8	106.2	102.1	97.7	97.8	99.1
山　西	Shanxi	103.9	106.3	113.1	121.6	115.6	106.2	101.3	97.0	96.8	97.1
内蒙古	Inner Mongolia	104.5	106.8	112.5	119.3	116.8	105.8	102.3	98.1	97.7	98.8
辽　宁	Liaoning	104.1	106.0	113.5	120.6	114.0	105.4	101.0	97.6	96.1	98.4
吉　林	Jilin	105.1	107.1	111.3	119.9	114.2	105.1	101.8	97.9	96.7	98.0
黑龙江	Heilongjiang	106.5	108.5	114.6	120.7	114.3	105.1	102.2	98.4	96.1	97.8
上　海	Shanghai	109.5	109.7	117.5	117.5	113.0	105.0	98.8	95.1	97.3	96.4
江　苏	Jiangsu	104.4	104.8	115.4	123.6	114.3	106.8	99.3	98.2	96.9	98.6
浙　江	Zhejiang	103.0	106.6	116.7	121.7	113.5	105.8	100.3	98.4	97.7	99.0
安　徽	Anhui	105.7	106.6	112.9	123.3	112.7	107.1	99.4	98.1	96.6	98.0
福　建	Fujian	103.6	105.0	113.4	123.0	114.4	104.5	99.8	98.5	96.5	98.9
江　西	Jiangxi	102.4	105.6	111.1	125.1	115.9	106.6	99.6	98.8	96.8	98.5
山　东	Shandong	104.7	105.9	110.7	120.3	114.2	107.0	100.8	97.1	97.1	98.6
河　南	Henan	101.7	101.4	108.4	120.6	114.9	107.9	100.5	96.6	96.2	98.5
湖　北	Hubei	104.3	107.0	115.0	124.9	116.6	106.5	101.5	97.1	95.9	97.8
湖　南	Hunan	104.1	109.5	115.1	125.3	115.5	105.2	100.3	97.9	97.6	99.3
广　东	Guangdong	100.6	105.8	118.2	118.9	111.6	104.4	99.8	97.0	96.7	99.9
广　西	Guangxi	102.5	104.6	118.9	124.4	116.4	104.5	99.6	96.3	97.2	98.6
海　南	Hainan	103.1	108.7	123.9	121.8	111.3	102.3	99.4	96.5	96.6	99.9
重　庆	Chongqing							101.6	94.5	96.5	95.5
四　川	Sichuan	102.3	106.4	113.9	123.9	117.0	107.7	102.9	97.7	97.3	97.7
贵　州	Guizhou	103.3	107.4	114.8	119.5	117.2	106.9	101.5	98.9	97.9	97.3
云　南	Yunnan	103.7	107.7	118.9	116.0	118.1	106.6	102.3	99.2	98.3	97.6
西　藏	Tibet									98.8	99.2
陕　西	Shanxi	105.8	109.5	111.8	125.9	117.0	108.1	101.6	96.2	97.5	98.3
甘　肃	Gansu	104.6	105.8	113.0	122.5	116.5	106.6	101.6	98.1	97.2	99.1
青　海	Qinghai	106.3	106.4	112.5	123.2	116.3	107.8	103.0	99.6	98.5	99.0
宁　夏	Ningxia	105.7	107.4	112.8	120.1	115.3	106.7	102.2	97.5	97.9	97.6
新　疆	Xinjiang	108.0	108.1	112.6	125.7	116.7	108.8	101.8	99.7	96.2	98.3

表6-7续表2 Continued

省(区、市)	Region	2001	2002	2003	2004	2005	2006	2007	2008	2009	2010
全 国	**Nation**	**99.2**	**98.7**	**99.9**	**102.8**	**100.8**	**101.0**	**103.8**	**105.9**	**98.8**	**103.1**
北 京	Beijing	98.8	98.4	98.2	99.2	99.7	100.2	100.8	104.4	97.8	100.4
天 津	Tianjin	98.6	97.4	97.4	100.8	99.9	100.4	103.2	105.1	98.9	103.4
河 北	Hebei	99.8	99.2	100.2	103.2	101.1	101.5	104.1	106.7	99.0	103.1
山 西	Shanxi	99.0	98.6	100.3	103.1	100.3	101.2	104.2	107.2	99.1	102.3
内蒙古	Inner Mongolia	100.0	99.4	99.6	102.7	101.5	101.4	103.6	104.7	99.5	103.0
辽 宁	Liaoning	99.4	97.4	98.9	101.9	100.1	101.3	104.4	105.3	99.8	103.2
吉 林	Jilin	100.9	99.0	100.5	103.5	101.1	101.5	103.3	106.2	99.3	104.1
黑龙江	Heilongjiang	100.4	98.5	99.7	102.8	100.4	101.5	105.6	105.8	98.9	103.1
上 海	Shanghai	98.6	98.7	99.0	100.9	99.4	100.2	102.4	105.3	99.4	101.7
江 苏	Jiangsu	98.9	98.4	99.8	102.2	100.3	100.8	102.9	104.9	98.9	103.2
浙 江	Zhejiang	98.1	98.7	99.6	102.7	100.9	100.8	103.8	106.3	98.8	103.9
安 徽	Anhui	99.6	99.2	101.3	102.7	100.6	100.8	104.5	106.3	99.0	103.2
福 建	Fujian	98.0	98.3	99.1	102.7	100.6	100.5	104.3	105.7	97.9	103.4
江 西	Jiangxi	98.4	100.2	100.1	103.0	100.9	101.2	104.0	106.1	99.1	102.7
山 东	Shandong	100.0	98.8	100.2	102.8	100.6	100.6	103.6	104.9	99.4	102.7
河 南	Henan	99.8	99.2	101.3	105.7	101.7	100.9	104.4	107.5	99.4	103.7
湖 北	Hubei	97.4	98.8	101.2	104.1	102.1	101.1	104.2	106.3	98.6	103.1
湖 南	Hunan	98.8	99.2	100.6	103.9	102.3	101.3	104.3	105.6	98.5	103.1
广 东	Guangdong	98.7	98.5	100.0	102.9	101.8	101.5	103.4	106.0	96.8	103.3
广 西	Guangxi	97.8	98.1	100.2	103.9	101.1	100.3	104.8	107.6	98.0	103.0
海 南	Hainan	97.7	98.4	100.4	103.4	100.9	101.3	103.8	106.7	98.5	104.6
重 庆	Chongqing	99.0	98.9	99.5	101.4	98.7	101.6	103.7	105.0	97.3	101.7
四 川	Sichuan	100.8	99.4	100.1	103.7	100.6	101.7	105.3	105.3	100.1	103.0
贵 州	Guizhou	98.4	99.3	100.0	103.2	101.3	100.9	104.2	107.2	97.6	103.0
云 南	Yunnan	98.4	98.1	99.9	104.7	100.1	100.8	104.4	106.1	100.1	103.6
西 藏	Tibet	99.6	99.5	99.4	100.7	100.8	100.2	101.7	103.9	99.5	101.0
陕 西	Shanxi	99.1	98.6	100.5	102.5	100.1	101.8	105.0	106.9	99.9	103.6
甘 肃	Gansu	99.6	98.9	100.2	102.1	99.9	101.2	104.4	107.9	101.8	104.6
青 海	Qinghai	99.9	99.3	100.8	102.6	100.7	102.0	106.0	110.6	101.6	104.3
宁 夏	Ningxia	100.0	98.6	99.5	102.8	100.4	101.3	104.1	108.5	99.5	103.2
新 疆	Xinjiang	102.5	97.9	99.2	100.7	99.4	101.8	105.1	108.5	100.4	104.6

36 个大中城市商品零售价格指数(2000～2010，以上年价格为100)
Retail Price Indices in 36 Major Cities(preceding year = 100)

表6－8

城　市	City	2000	2001	2002	2003	2004	2005	2006	2007	2008	2009	2010
36 个城市平均	**Average**	**98.3**	**98.5**	**98.3**	**99.6**	**101.0**	**100.0**	**100.7**	**102.6**	**105.3**	**98.6**	**102.5**
北　京	Beijing	98.9	98.8	98.4	98.2	99.2	99.7	100.2	100.8	104.4	97.8	100.4
天　津	Tianjin	98.6	98.6	97.4	97.4	100.8	99.9	100.4	103.2	105.1	98.9	103.4
石家庄	Shijiazhuang	99.9	98.5	98.9	99.7	101.3	101.0	101.8	104.4	107.7	100.1	103.4
太　原	Taiyuan	96.0	98.4	97.1	100.9	102.0	100.2	100.6	102.9	107.9	99.1	102.6
呼和浩特	Hohhot	98.4	98.9	100.0	100.1	101.7	101.7	101.6	102.7	105.4	99.9	102.6
沈　阳	Shenyang	98.0	98.4	97.0	99.7	100.7	99.3	101.9	103.2	105.0	97.9	102.6
大　连	Dalian	97.8	99.9	97.2	99.4	101.5	99.5	101.4	101.9	106.0	99.4	104.0
长　春	Changchun	97.5	100.7	98.7	100.7	102.7	101.3	101.5	102.1	105.6	99.6	104.6
哈尔滨	Harbin	98.8	101.1	98.2	98.9	100.9	99.2	100.3	103.7	105.3	98.5	101.9
上　海	Shanghai	96.4	98.5	98.7	99.0	100.9	99.4	100.2	102.4	105.3	99.4	101.7
南　京	Nanjing	99.2	98.8	96.1	98.1	98.1	96.7	98.9	99.9	103.7	98.7	103.5
杭　州	Hangzhou	98.3	95.3	97.9	98.1	101.6	100.3	100.2	103.1	106.0	98.6	103.7
宁　波	Ningbo	98.3	94.8	98.6	101.6	102.0	101.1	101.8	103.3	107.1	98.8	103.9
合　肥	Hefei	97.2	97.7	99.1	101.4	100.8	99.7	100.6	104.6	106.3	99.8	102.1
福　州	Fuzhou	98.8	97.5	97.8	97.6	102.4	101.1	99.9	103.1	104.4	99.1	102.9
厦　门	Xiamen	98.4	97.4	98.2	99.0	100.8	99.0	100.3	103.9	104.5	97.8	102.8
南　昌	Nanchang	97.8	97.6	100.1	99.7	101.3	100.0	101.9	103.5	106.2	99.4	103.0
济　南	Jinan	98.0	98.8	97.8	98.0	100.6	100.4	100.3	102.2	104.5	98.7	101.3
青　岛	Qingdao	99.7	98.9	99.5	98.3	99.0	99.3	99.7	102.7	103.9	98.6	101.4
郑　州	Zhengzhou	99.2	99.5	98.8	101.5	105.6	101.2	100.9	102.7	106.0	100.3	102.7
武　汉	Wuhan	97.4	95.9	97.7	100.4	101.0	100.9	100.7	103.0	105.1	98.4	103.1
长　沙	Changsha	100.7	98.2	98.6	99.2	101.3	100.4	101.1	102.3	103.9	97.7	103.8
广　州	Guangzhou	99.4	97.4	97.4	99.1	102.1	101.6	101.2	102.9	105.7	96.8	103.2
深　圳	Shenzhen	100.6	97.9	100.2	100.0	100.7	101.2	101.8	103.5	106.5	97.5	103.2
南　宁	Nanning	98.3	95.9	97.5	99.5	102.7	100.3	101.0	103.1	107.9	98.5	102.3
海　口	Haikou	101.0	97.6	99.0	99.9	102.6	100.4	100.6	103.4	105.6	99.2	103.7
重　庆	Chongqing	95.5	99.0	98.9	99.5	101.4	98.7	101.6	103.7	105.0	97.3	101.7
成　都	Chengdu	98.2	100.7	98.8	100.2	101.4	99.8	101.2	104.2	104.5	99.0	102.4
贵　阳	Guiyang	95.8	96.2	99.0	97.6	100.4	100.2	100.3	102.8	105.4	98.2	103.2
昆　明	Kunming	97.0	98.1	97.3	100.7	104.6	100.5	99.7	103.4	105.4	100.0	103.6
拉　萨	Lhasa	99.5	99.5	99.8	99.9	100.0	100.4	99.6	101.2	104.6	100.1	101.2
西　安	Xi'an	98.7	98.9	98.5	100.0	101.9	99.7	101.5	103.7	105.4	99.5	102.7
兰　州	Lanzhou	99.0	99.1	98.8	99.2		98.8	100.3	103.1	107.2	100.5	103.9
西　宁	Xining	99.3	100.1	99.3	101.9	103.2	100.9	102.6	105.7	110.1	102.3	104.6
银　川	Yinchuan	97.7	100.6	98.7	99.8	102.0	100.6	101.3	103.6	105.9	98.5	102.5
乌鲁木齐	Urumqi	99.2	103.2	97.3	100.2	101.1	99.9	99.9	104.6	108.7	100.1	103.4

各省(区、市)工业品出厂价格指数(1992～2010,以上年价格为100)
Producer Price Indices of Industrial Products by Region(preceding year = 100)

表6－9

省(区、市)	Region	1992	1993	1994	1995	1996	1997	1998	1999	2000
全 国	**Nation**	**106.8**	**124.0**	**119.5**	**114.9**	**102.9**	**99.7**	**95.9**	**97.6**	**102.8**
北 京	Beijing	107.8	128.3	111.8	116.7	103.2	100.6	95.1	97.8	102.5
天 津	Tianjin	105.2	126.3	120.4	110.2	102.8	98.3	94.7	96.4	102.8
河 北	Hebei	108.6	129.1	119.1	111.4	101.1	98.8	94.4	95.9	105.3
山 西	Shanxi	114.2	132.5	120.1	113.5	106.4	102.2	97.5	95.3	100.9
内蒙古	Inner Mongolia	109.8	133.2	112.1	109.1	101.7	101.5	98.0	100.4	102.8
辽 宁	Liaoning	111.8	138.4	119.9	109.9	102.1	100.1	95.8	102.0	108.8
吉 林	Jilin	111.4	127.9	115.7	115.0	103.8	101.4	96.9	100.1	105.1
黑龙江	Heilongjiang	111.6	141.3	127.7	116.0	104.6	102.3	97.7	107.4	122.9
上 海	Shanghai	111.4	128.1	118.1	111.5	98.6	98.9	93.9	97.6	102.5
江 苏	Jiangsu	103.6	118.5	121.4	114.1	100.7	97.9	94.5	96.1	101.1
浙 江	Zhejiang	104.8	117.3	117.5	112.3	99.5	99.2	96.0	96.8	101.1
安 徽	Anhui	108.7	125.3	120.9	117.1	101.6	99.4	96.4	92.9	98.9
福 建	Fujian	102.7	117.1	116.9	115.7	101.8	100.3	95.7	96.6	100.5
江 西	Jiangxi		115.3	124.7	114.8	104.1	101.7	98.4	96.1	101.0
山 东	Shandong	109.5	123.0	124.2	117.0	104.2	101.1	96.0	97.2	105.9
河 南	Henan	106.2	118.1	124.1	115.0	104.1	100.6	95.3	95.4	104.0
湖 北	Hubei	111.0	126.3	126.2	113.1	102.7	98.6	96.2	97.8	101.7
湖 南	Hunan	111.1	128.9	117.6	121.4	105.7	99.2	95.9	98.5	102.9
广 东	Guangdong		124.1	126.0	112.3	101.8	100.1	94.8	97.7	103.4
广 西	Guangxi	112.5	121.1	118.8	117.2	102.6	97.7	95.4	95.6	105.5
海 南	Hainan									
重 庆	Chongqing	117.2	118.4	113.4	112.4	104.1	98.0	94.6	97.7	98.6
四 川	Sichuan	106.1	127.4	114.7	112.2	102.2	101.2	97.3	97.0	98.1
贵 州	Guizhou	101.6	118.1	113.3	113.1	104.9	101.2	98.2	99.7	100.4
云 南	Yunnan	105.3	125.0	116.7	110.2	101.4	100.7	97.2	98.2	101.2
西 藏	Tibet									
陕 西	Shanxi	107.9	119.8	119.9	112.6	104.2	103.7	96.6	97.9	101.5
甘 肃	Gansu	112.1	125.3	121.2	114.9	104.4	104.9	95.2	98.1	107.2
青 海	Qinghai	102.6	124.4	124.9	114.6	106.7	104.3	100.7	102.8	108.1
宁 夏	Ningxia						100.3	97.7	98.4	103.6
新 疆	Xinjiang	107.5	126.2	118.4	117.2	104.9	104.9	95.8	100.2	129.4

表6－9续表　Continued

省(区、市)	Region	2001	2002	2003	2004	2005	2006	2007	2008	2009	2010
全　国	**Nation**	**98.7**	**97.8**	**102.3**	**106.1**	**104.9**	**103.0**	**103.1**	**106.9**	**101.7**	**105.9**
北　京	Beijing	99.4	96.6	101.5	103.0	101.3	99.1	99.7	103.3	100.1	101.8
天　津	Tianjin	95.9	95.9	102.5	104.1	100.1	100.6	101.5	104.1	101.6	105.1
河　北	Hebei	99.9	99.4	107.1	111.6	104.4	100.8	106.9	116.7	101.5	111.6
山　西	Shanxi	100.3	103.6	112.2	116.1	110.2	101.0	107.4	122.4	99.6	112.3
内蒙古	Inner Mongolia	100.1	99.3	103.2	105.1	105.1	103.0	105.7	112.5	100.9	108.8
辽　宁	Liaoning	98.6	97.8	103.6	107.1	105.1	104.1	104.4	110.9	104.2	106.6
吉　林	Jilin	100.3	98.6	102.5	105.0	104.3	101.7	102.7	104.9	105.1	104.3
黑龙江	Heilongjiang	95.9	97.8	111.9	113.1	116.7	109.9	105.3	114.0	121.2	106.8
上　海	Shanghai	96.7	96.4	101.4	103.6	101.7	100.6	101.2	102.2	101.7	101.9
江　苏	Jiangsu	99.1	97.6	102.3	106.5	102.6	101.5	102.6	104.6	102.7	108.8
浙　江	Zhejiang	98.3	96.9	100.6	105.0	102.3	103.8	102.4	104.3	102.0	106.4
安　徽	Anhui	98.6	99.8	103.5	108.2	103.3	103.1	103.6	108.4	103.7	111.2
福　建	Fujian	98.1	97.2	100.7	102.6	100.2	99.2	100.8	102.7	100.0	104.4
江　西	Jiangxi	98.1	98.5	104.0	109.7	108.8	109.7	106.2	106.4	118.1	112.2
山　东	Shandong	99.1	98.8	103.5	106.4	103.7	102.3	103.3	108.6	102.5	108.1
河　南	Henan	100.5	98.6	105.0	110.2	106.1	104.3	105.2	112.1	103.5	108.7
湖　北	Hubei	99.0	98.2	103.5	105.7	104.5	102.9	103.9	106.1	100.2	105.7
湖　南	Hunan	99.8	99.2	102.6	108.0	106.0	104.3	106.1	109.3	103.4	109.2
广　东	Guangdong	98.5	96.5	99.3	101.7	101.5	101.4	101.3	103.1	101.5	103.0
广　西	Guangxi	106.3	95.6	102.8	109.7	104.9	109.6	104.5	109.0	109.4	112.7
海　南	Hainan		98.7	99.5	100.0	99.5	100.8	102.7	104.5	97.6	106.9
重　庆	Chongqing	98.1	97.6	100.6	103.3	103.0	102.2	103.5	105.8	99.5	103.9
四　川	Sichuan	100.4	97.7	100.5	105.4	104.0	101.9	103.9	109.3	99.5	107.5
贵　州	Guizhou	102.2	98.9	103.4	108.0	107.2	104.3	105.0	112.4	99.6	105.5
云　南	Yunnan	99.9	98.2	101.4	108.8	104.5	104.6	105.7	105.8	106.8	105.6
西　藏	Tibet						106.0	101.1	105.6	99.2	107.2
陕　西	Shanxi	100.4	100.7	105.7	107.3	110.4	109.6	102.9	108.4	103.7	107.1
甘　肃	Gansu	98.5	97.9	110.0	114.3	109.6	109.8	105.5	104.9	107.1	111.3
青　海	Qinghai	93.7	97.6	105.5	111.2	110.2	110.2	104.2	107.6	114.4	106.7
宁　夏	Ningxia	100.3	99.7	103.9	110.0	106.2	106.2	103.7	112.9	100.2	111.9
新　疆	Xinjiang	96.3	97.3	115.1	116.4	116.6	114.4	106.3	116.4	130.1	111.9

各省(区、市)原材料燃料动力购进价格指数(1992～2010,以上年价格为100)
Purchasing Price Indices of Raw Materials, Fuels and Power by Region(preceding year = 100)

表6－10

省(区、市)	Region	1992	1993	1994	1995	1996	1997	1998	1999	2000
全　国	**Nation**	**111.0**	**135.1**	**118.2**	**115.3**	**103.9**	**101.3**	**95.8**	**96.7**	**105.1**
北　京	Beijing	114.2	142.7	123.8	119.8	104.2	103.4	98.1	95.8	100.0
天　津	Tianjin	108.4	139.1	121.7	112.8	101.9	99.0	95.9	96.3	104.5
河　北	Hebei	111.4	134.9	119.9	110.9	106.3	102.0	96.2	95.4	103.3
山　西	Shanxi	111.9	135.9	115.1	113.1	104.8	102.0	97.3	97.0	102.0
内蒙古	Inner Mongolia	112.1	132.6	116.8	112.8	100.8	100.9	98.1	96.8	106.5
辽　宁	Liaoning	121.2	149.9	118.2	114.2	104.8	103.1	99.3	99.1	103.9
吉　林	Jilin	127.1	173.9	113.9	113.8	102.4	103.9	96.6	100.5	106.8
黑龙江	Heilongjiang	112.9	139.6	117.6	112.7	104.2	104.4	98.6	98.2	108.6
上　海	Shanghai	113.1	129.2	121.4	114.8	101.6	97.8	94.1	97.1	107.1
江　苏	Jiangsu	110.3	125.8	120.1	117.6	104.3	98.0	91.5	94.4	107.1
浙　江	Zhejiang	106.3	126.4	124.8	119.2	101.5	96.5	92.6	96.2	107.2
安　徽	Anhui	113.9	128.8	122.3	117.9	109.9	101.7	96.0	94.5	102.6
福　建	Fujian	109.3	129.6	115.2	119.6	104.3	98.6	92.5	97.9	112.4
江　西	Jiangxi		129.4	123.4	114.7	105.8	100.4	95.4	96.9	101.2
山　东	Shandong	111.0	134.7	120.1	113.2	105.7	100.6	93.4	93.4	104.7
河　南	Henan	110.0	133.0	122.0	114.1	105.3	100.7	94.8	94.3	105.1
湖　北	Hubei	110.2	135.5	116.6	118.2	108.4	101.5	95.2	95.6	105.6
湖　南	Hunan	116.2	139.7	119.6	117.6	105.9	100.1	94.8	96.2	106.7
广　东	Guangdong		134.3	121.1	118.7	104.6	97.3	91.4	97.8	110.9
广　西	Guangxi	105.2	141.7	117.8	112.9	103.4	99.3	95.3	93.6	100.9
海　南	Hainan									
重　庆	Chongqing	123.8	124.5	124.6	111.6	106.3	100.1	95.1	96.9	105.6
四　川	Sichuan	112.5	137.2	119.1	113.5	106.1	101.6	95.3	96.8	101.7
贵　州	Guizhou	113.5	144.6	115.0	114.9	108.1	101.9	95.7	97.0	102.9
云　南	Yunnan	115.2	138.1	110.3	113.2	110.3	102.9	100.7	98.8	101.5
西　藏	Tibet									
陕　西	Shanxi	111.5	138.4	115.6	114.3	109.1	106.8	97.1	95.5	100.0
甘　肃	Gansu	122.2	139.4	118.3	113.7	107.4	102.2	96.4	98.3	111.8
青　海	Qinghai	105.3	138.9	112.3	110.2	108.3	110.7	101.3	99.1	98.9
宁　夏	Ningxia						103.5	101.1	97.0	105.8
新　疆	Xinjiang	121.1	136.4	110.9	116.8	107.0	104.5	95.6	98.2	115.2

表 6－10 续表　Continued

省(区、市)	Region	2001	2002	2003	2004	2005	2006	2007	2008	2009	2010
全　国	**Nation**	**99.8**	**97.7**	**104.8**	**111.4**	**108.3**	**106.0**	**104.4**	**110.5**	**103.0**	**109.5**
北　京	Beijing	100.5	97.1	104.7	114.2	111.4	105.5	105.0	115.8	107.5	106.8
天　津	Tianjin	98.8	95.9	108.7	115.4	104.9	104.7	105.7	112.9	102.3	112.3
河　北	Hebei	101.0	97.3	109.4	118.4	107.0	105.0	107.8	115.9	102.9	112.8
山　西	Shanxi	101.8	102.6	107.8	114.5	108.2	102.6	105.3	118.3	97.1	111.5
内蒙古	Inner Mongolia	101.3	99.9	102.9	109.2	109.9	105.9	104.8	111.7	99.6	106.4
辽　宁	Liaoning	99.9	98.3	105.1	112.1	108.1	104.2	104.8	111.5	100.2	109.9
吉　林	Jilin	101.8	97.8	104.8	110.5	107.0	103.8	105.2	111.3	103.1	107.7
黑龙江	Heilongjiang	99.5	99.3	107.6	115.2	111.8	105.6	105.0	114.1	105.6	108.2
上　海	Shanghai	98.7	97.7	106.4	116.4	106.8	104.8	104.1	110.3	105.5	109.9
江　苏	Jiangsu	99.5	98.6	106.5	116.3	107.6	106.4	105.0	115.0	104.4	112.1
浙　江	Zhejiang	99.6	97.5	105.8	113.4	105.4	105.6	105.3	110.6	103.9	110.9
安　徽	Anhui	101.2	98.2	106.7	115.0	107.1	103.9	105.1	112.4	101.1	113.3
福　建	Fujian	96.7	97.6	106.3	113.3	108.1	103.9	104.3	110.2	103.7	110.0
江　西	Jiangxi	99.3	98.6	106.5	114.5	110.0	108.6	107.9	114.2	100.5	114.2
山　东	Shandong	100.0	98.7	105.7	113.4	105.9	104.3	104.8	113.1	104.2	110.3
河　南	Henan	101.9	97.6	107.8	115.7	108.3	105.3	106.4	111.9	104.9	111.4
湖　北	Hubei	100.2	97.7	108.2	113.1	107.0	104.9	104.5	110.9	104.4	111.3
湖　南	Hunan	101.1	99.3	106.7	114.4	109.4	106.5	106.1	112.0	101.6	112.6
广　东	Guangdong	99.1	96.3	104.1	110.7	105.0	103.6	103.3	107.9	100.3	107.6
广　西	Guangxi	103.7	95.6	101.2	116.3	108.2	111.4	106.1	110.6	108.5	113.0
海　南	Hainan		101.5	102.2	105.9	104.2	101.5	105.0	111.6	94.3	113.1
重　庆	Chongqing	99.5	99.2	104.9	110.3	108.2	104.8	106.2	112.2	102.2	107.9
四　川	Sichuan	98.5	97.6	101.7	112.0	109.3	104.3	105.7	112.4	102.4	109.1
贵　州	Guizhou	100.2	97.6	106.0	109.6	107.4	107.3	107.5	112.5	100.1	111.7
云　南	Yunnan	99.4	99.1	102.7	113.0	106.5	107.6	108.2	111.6	101.5	109.0
西　藏	Tibet										
陕　西	Shanxi	100.5	98.8	104.8	110.4	107.5	106.7	106.3	111.2	102.2	108.7
甘　肃	Gansu	101.4	98.4	105.6	112.5	109.9	108.8	104.3	110.2	104.0	110.3
青　海	Qinghai	99.1	102.8	101.8	108.5	105.3	102.8	104.4	110.4	100.5	109.5
宁　夏	Ningxia	102.5	97.8	106.8	117.3	109.7	108.5	107.1	121.8	100.0	117.5
新　疆	Xinjiang	98.9	94.9	114.8	118.2	110.7	111.1	103.8	117.8	115.1	116.3

35个大中城市土地交易价格指数(1998～2010,以上年价格为100)
Price Indices of Land Transactions in 35 Major Cities(preceding year = 100)

表6－11

省(区、市)	Region	1998	1999	2000	2001	2002	2003
全　国	**Nation**	**102.0**	**100.0**	**100.2**	**101.7**	**106.9**	**108.3**
北　京	Beijing	101.1	100.2	100.0	100.0	100.0	100.6
天　津	Tianjin	102.0	101.3	100.5	76.2	102.2	103.0
石家庄	Shijiazhuang	115.0	103.9	107.7	97.3	99.7	99.4
太　原	Taiyuan	100.0	100.0	100.0	113.2	126.7	121.9
呼和浩特	Hohhot	104.1	104.3	102.5	102.8	103.4	102.4
沈　阳	Shenyang	100.0	99.0	101.8	101.7	83.1	116.1
大　连	Dalian	100.0	100.0	100.0	99.9	100.0	103.5
长　春	Changchun	100.0	100.0	100.2	115.5	113.7	103.7
哈尔滨	Harbin	100.0	101.0	101.1	100.0	100.0	101.6
上　海	Shanghai	95.5	99.3	91.9	97.2	106.3	115.1
南　京	Nanjing	104.4	103.5	101.9	102.6	103.9	104.7
杭　州	Hangzhou	99.7	100.0	103.2	105.4	125.0	138.1
宁　波	Ningbo	99.2	100.0	100.4	100.8	109.2	113.2
合　肥	Hefei	102.2	100.7	100.3	100.4	103.7	107.0
福　州	Fuzhou	100.2	100.6	100.0	107.3	106.0	107.7
厦　门	Xiamen	100.0	100.0	100.0	101.1	101.7	102.3
南　昌	Nanchang	103.6	102.0	103.0	108.0	125.2	110.1
济　南	Jinan	103.3	101.8	102.3	101.9	102.1	103.5
青　岛	Qingdao	101.0	100.0	100.4	102.2	104.3	101.8
郑　州	Zhengzhou	101.2	103.9	102.1	101.1	101.4	101.0
武　汉	Wuhan	100.8	99.9	100.1	99.8	100.7	103.7
长　沙	Changsha	103.2	102.4	102.7	103.8	101.4	100.9
广　州	Guangzhou	100.0	99.7	99.9	100.0	100.0	100.0
深　圳	Shenzhen	100.0	99.8	101.5	99.7	100.0	102.0
南　宁	Nanning	105.5	99.7	66.7	101.6	106.0	101.4
海　口	Haikou	90.7	90.6	97.1	101.4	100.5	100.4
重　庆	Chongqing	100.0	101.1	100.0	100.9	101.7	115.5
成　都	Chengdu	107.7	103.8	101.9	104.6	106.4	109.1
贵　阳	Guiyang	99.8	99.4	100.3	100.4	100.6	100.3
昆　明	Kunming	104.5	100.1	100.0	100.0	100.0	100.0
西　安	Xi'an	100.1	100.3	100.0	100.0	100.5	100.7
兰　州	Lanzhou	100.0	100.0	100.0	100.0	100.0	100.0
西　宁	Xining	99.4	99.4	100.4	99.7	102.7	106.2
银　川	Yinchuan	125.7	125.7	103.6	103.2	102.9	103.4
乌鲁木齐	Urumqi	103.8	103.8	99.4	102.6	102.3	101.0

表6－11 续表　Continued

省(区、市)	Region	2004	2005	2006	2007	2008	2009	2010
全　国	**Nation**	**110.1**	**109.1**	**105.8**	**112.3**	**109.4**	**105.4**	**119.9**
北　京	Beijing	102.5	103.8	105.2	109.4	111.6	104.0	115.9
天　津	Tianjin	116.3	103.9	103.9	122.1	111.1	107.0	117.0
石家庄	Shijiazhuang	100.3	100.2	100.3	101.6	100.6	100.0	100.1
太　原	Taiyuan	100.7	102.8	102.6	102.2	102.1	102.0	105.3
呼和浩特	Hohhot	104.1	114.7	112.8	108.7	107.0	100.9	102.8
沈　阳	Shenyang	116.2	111.4	107.3	106.6	105.3	101.5	113.3
大　连	Dalian	112.9	124.7	103.8		104.2	101.7	108.9
长　春	Changchun	104.6	103.9	112.1	100.7	100.0	100.0	100.0
哈尔滨	Harbin	100.0	107.8	106.7	108.2	104.6	98.4	114.9
上　海	Shanghai	120.3	106.9	101.2	107.9	107.9	102.2	118.9
南　京	Nanjing	103.0	102.8	103.0	103.9	103.6	102.6	104.6
杭　州	Hangzhou	139.4	124.8	107.1	155.2	127.8	129.7	171.9
宁　波	Ningbo	108.3	115.9	109.2	138.3	149.5	104.4	116.0
合　肥	Hefei	105.4	110.6	101.4	104.1	104.9	100.6	109.5
福　州	Fuzhou	108.8	118.6	107.9	117.1	107.7	110.4	112.0
厦　门	Xiamen	110.2	108.5	108.3	111.3	104.2	108.8	114.9
南　昌	Nanchang	118.8	104.2	105.1	103.9	109.4	107.2	119.3
济　南	Jinan	104.4	105.9	104.9	105.0	102.7	101.9	106.4
青　岛	Qingdao	101.8	103.4	103.2	101.8	102.1	102.4	102.4
郑　州	Zhengzhou	103.9	110.9	104.0	105.3	100.3	102.0	110.0
武　汉	Wuhan	102.9	102.6	101.5	100.9	101.3	100.0	101.7
长　沙	Changsha	102.1	105.4	118.6	122.1	109.0	102.6	106.5
广　州	Guangzhou	100.0	100.0	100.0	100.0	100.0	100.0	100.0
深　圳	Shenzhen	103.9	118.1	100.3	100.1	100.0	100.0	100.0
南　宁	Nanning	100.0	103.6	102.6	121.5	110.6	100.1	102.5
海　口	Haikou	102.7	110.0	115.1	118.5	120.9	108.8	149.7
重　庆	Chongqing	105.3	102.9	100.6	109.7	109.5	101.7	108.2
成　都	Chengdu	116.3	107.8	106.2	110.2	104.8	98.1	101.3
贵　阳	Guiyang	100.6	101.5	101.6	109.9	108.3	108.1	108.6
昆　明	Kunming	100.0	103.7	100.6	101.3	102.6	101.4	100.0
西　安	Xi'an	102.8	105.9	104.5	106.8	109.0	101.2	103.5
兰　州	Lanzhou	100.0	100.0	100.0	100.0	100.0	100.0	100.0
西　宁	Xining	106.1	102.9	102.5	103.2	103.2	104.0	104.4
银　川	Yinchuan	105.8	103.4	103.1	105.7	106.0	106.1	109.7
乌鲁木齐	Urumqi	102.1	101.4	100.2	102.6	106.5	112.1	106.3

35 个大中城市房屋租赁价格指数(1998～2010,以上年价格为100)

Price Indices of Real Estate Leasing in 35 Major Cities(preceding year = 100)

表6－12

省(区、市)	Region	1998	1999	2000	2001	2002	2003
全　国	**Nation**	**102.4**	**98.5**	**102.4**	**102.8**	**100.8**	**101.9**
北　京	Beijing	99.8	98.5	166.6	125.5	107.6	108.5
天　津	Tianjin	102.4	99.0	100.1	110.1	106.0	100.7
石家庄	Shijiazhuang	100.9	108.6	102.2	104.8	100.4	99.3
太　原	Taiyuan	104.0	99.5	105.6	115.5	106.1	102.3
呼和浩特	Hohhot	100.0	99.0	97.1	102.0	102.7	98.5
沈　阳	Shenyang	105.2	102.6	102.3	100.1	99.5	101.4
大　连	Dalian	101.7	96.8	105.4	101.9	98.1	100.0
长　春	Changchun	106.7	106.2	106.4	111.2	104.6	104.0
哈尔滨	Harbin	99.3	99.9	101.0	100.2	100.0	98.6
上　海	Shanghai	92.2	89.9	95.8	104.9	99.0	102.2
南　京	Nanjing	99.1	101.3	101.1	104.7	100.6	104.4
杭　州	Hangzhou	97.2	95.5	103.3	103.1	103.0	106.7
宁　波	Ningbo	95.4	96.6	92.5	99.0	102.8	106.0
合　肥	Hefei	109.2	104.3	99.1	98.6	102.0	102.3
福　州	Fuzhou	107.6	102.8	99.5	101.7	98.6	98.7
厦　门	Xiamen	102.6	98.6	96.2	94.0	98.0	100.3
南　昌	Nanchang	99.5	111.2	113.2	102.7	104.2	103.3
济　南	Jinan	100.8	100.8	101.6	101.8	103.2	100.0
青　岛	Qingdao	94.0	104.3	95.8	107.0	94.4	99.4
郑　州	Zhengzhou	106.1	98.7	103.7	107.2	103.0	99.1
武　汉	Wuhan	98.7	95.8	97.3	98.2	98.6	98.5
长　沙	Changsha	103.3	94.8	99.1	102.5	101.6	101.0
广　州	Guangzhou	99.6	94.9	98.0	99.6	102.0	99.9
深　圳	Shenzhen	94.7	91.3	95.7	99.6	100.2	100.0
南　宁	Nanning	106.7	97.8	102.1	102.5	99.5	102.3
海　口	Haikou	92.6	89.8	92.7	99.3	94.6	92.6
重　庆	Chongqing	106.9	106.4	95.1	95.4	97.5	100.3
成　都	Chengdu	99.8	100.0	99.3	96.6	100.9	100.3
贵　阳	Guiyang	106.0	99.0	104.1	97.1	98.0	101.6
昆　明	Kunming	103.0	111.1	97.8	101.9	98.4	100.4
西　安	Xi'an	102.5	100.6	101.2	100.3	100.6	98.9
兰　州	Lanzhou	99.7	98.3	100.0	101.0	100.3	97.8
西　宁	Xining	117.9	100.5	114.3	112.2	107.3	103.1
银　川	Yinchuan	110.0	117.7	118.0	105.1	106.4	99.8
乌鲁木齐	Urumqi	98.9	97.9	99.2	98.8	100.1	99.9

表6－12 续表　Continued

省(区、市)	Region	2004	2005	2006	2007	2008	2009	2010
全　国	Nation	**101.4**	**101.9**	**101.4**	**102.6**	**101.4**	**99.4**	**106.1**
北　京	Beijing	103.4	102.4	102.9	102.7	101.8	98.9	113.0
天　津	Tianjin	101.2	101.3	100.2	100.3	100.4	102.4	104.7
石家庄	Shijiazhuang	100.1	100.6	100.5	100.6	102.9	107.5	102.2
太　原	Taiyuan	99.6	107.5	105.4	105.6	104.2	101.6	100.8
呼和浩特	Hohhot	101.5	104.7	105.6	105.4	104.2	102.4	104.1
沈　阳	Shenyang	99.0	101.5	102.3	101.8	100.9	100.0	105.0
大　连	Dalian	98.2	99.0	99.7	99.8	101.2	103.0	108.2
长　春	Changchun	100.9	100.5	100.3	100.0	102.6	100.0	100.2
哈尔滨	Harbin	100.6	103.6	102.7	100.2	102.2	103.7	105.1
上　海	Shanghai	105.5	103.6	104.0	105.1	104.6	100.6	104.4
南　京	Nanjing	105.0	100.0	100.4	101.8	102.0	100.8	102.8
杭　州	Hangzhou	107.6	102.4	101.1	102.7	102.5	101.8	103.4
宁　波	Ningbo	104.3	104.1	103.4	103.8	106.7	101.1	103.0
合　肥	Hefei	100.7	100.3	101.7	100.6	100.5	101.2	102.0
福　州	Fuzhou	99.6	101.4	101.7	102.6	101.7	101.0	106.1
厦　门	Xiamen	102.3	104.2	102.5	103.8	102.6	102.3	105.6
南　昌	Nanchang	101.4	102.5	101.3	101.3	100.8	100.6	102.8
济　南	Jinan	103.4	101.0	101.2	101.2	100.8	100.8	100.3
青　岛	Qingdao	98.6	103.3	110.1	108.3	106.5	103.5	103.2
郑　州	Zhengzhou	99.7	100.1	100.5	100.9	101.4	100.5	101.3
武　汉	Wuhan	100.7	100.2	100.3	100.3	100.1	100.0	100.5
长　沙	Changsha	103.1	101.7	102.8	102.5	100.6	100.5	101.9
广　州	Guangzhou	101.6	103.0	102.2	102.8	100.1	96.0	103.1
深　圳	Shenzhen	100.0	101.0	102.5	104.8	102.2	100.0	103.0
南　宁	Nanning	100.6	101.6	103.6	99.6	103.4	101.8	103.7
海　口	Haikou	96.1	101.9	100.7	100.6	101.4	102.3	108.3
重　庆	Chongqing	105.9	103.6	102.8	104.2	104.2	100.5	104.5
成　都	Chengdu	102.4	100.4	101.1	100.9	103.8	102.1	104.5
贵　阳	Guiyang	99.9	102.5	101.7	101.1	101.5	101.5	101.7
昆　明	Kunming	104.2	101.4	100.1	100.4	100.0	103.8	103.1
西　安	Xi'an	103.2	100.7	101.2	106.4	106.9	100.3	106.1
兰　州	Lanzhou	97.8	100.0	99.7	100.3	101.5	102.7	107.1
西　宁	Xining	100.4	99.8	101.1	104.2	102.4	101.9	106.7
银　川	Yinchuan	106.1	104.3	101.7	101.3	101.3	101.3	109.5
乌鲁木齐	Urumqi	104.2	100.4	100.3	100.8	101.1	105.0	101.5

各省(区、市)固定资产投资价格指数(1991 ~ 2010,以上年价格为 100)
Price Indices of Investment In Fixed Assets by Region(preceding year = 100)

表 6 - 13

省(区、市)	Region	1991	1992	1993	1994	1995	1996	1997	1998	1999	2000
全　国	**Nation**	**109.5**	**115.3**	**126.6**	**110.4**	**105.9**	**104.0**	**101.7**	**99.8**	**99.6**	**101.1**
北　京	Beijing	107.3	112.2	126.6	116.2	113.9	108.2	102.7	100.8	99.9	101.0
天　津	Tianjin		119.4	122.9	111.9	107.6	102.5	100.8	98.9	99.2	99.9
河　北	Hebei	106.8	129.3	124.8	110.0	106.9	103.9	101.5	97.8	99.4	101.1
山　西	Shanxi	107.8	116.8	124.8	108.3	106.8	104.9	101.5	98.8	99.7	101.8
内蒙古	Inner Mongolia	107.1	109.3	124.5	106.7	103.9	105.3	99.7	101.7	101.9	101.9
辽　宁	Liaoning	108.2	121.0	136.4	117.4	104.9	102.2	102.3	99.8	100.0	101.1
吉　林	Jilin	111.9	116.4	128.8	107.3	109.6	102.9	104.4	100.8	102.2	102.0
黑龙江	Heilongjiang	107.6	113.5	127.9	109.0	106.5	103.4	102.7	100.8	99.7	101.5
上　海	Shanghai	107.3	113.0	131.4	108.8	103.1	106.9	100.5	98.4	98.1	100.0
江　苏	Jiangsu	104.5	112.1	138.8	114.6	107.4	103.2	99.2	98.4	98.3	101.1
浙　江	Zhejiang			138.8	112.4	107.2	101.3	99.5	97.6	98.2	100.3
安　徽	Anhui	114.8	119.8	123.0	120.1	106.5	103.4	101.3	100.0	99.3	101.6
福　建	Fujian	108.6	114.9	134.1	107.3	104.8	104.7	101.1	98.0	98.5	100.2
江　西	Jiangxi	110.4	110.1	129.8	114.6	107.2	105.8	101.4	102.1	98.6	101.4
山　东	Shandong	112.4	119.4	122.1	115.8	106.6	103.1	100.4	99.2	99.6	102.4
河　南	Henan	109.4	119.8	126.7	106.0	105.9	103.9	102.9	98.7	98.0	102.9
湖　北	Hubei	108.3	117.0	127.4	107.9	105.0	104.0	102.1	100.5	99.5	101.7
湖　南	Hunan	108.1	116.4	129.5	113.5	109.5	104.9	101.8	102.7	100.5	102.3
广　东	Guangdong										
广　西	Guangxi	101.7	117.9	131.2	112.3	103.4	103.6	100.3	99.9	96.1	101.4
海　南	Hainan										101.8
重　庆	Chongqing							101.7	98.7	100.5	102.5
四　川	Sichuan	108.1	113.9	133.2	107.3	101.2	104.8	102.2	97.5	100.5	100.9
贵　州	Guizhou	110.6	120.2	126.9	113.1	107.6	105.4	101.4	100.0	99.4	102.2
云　南	Yunnan	112.1	117.6	135.4	113.6	104.0	104.3	105.4	101.8	100.7	101.6
西　藏	Tibet										
陕　西	Shanxi	112.9	119.1	129.5	111.7	107.9	107.8	105.3	101.8	101.2	103.6
甘　肃	Gansu	116.5	117.4	126.2	112.6	109.4	104.9	102.7	100.3	101.0	103.3
青　海	Qinghai		115.1	125.9	108.4	105.3	103.5	103.0	98.5	100.1	101.6
宁　夏	Ningxia	110.4	117.3	123.0	112.6	109.3	107.4	102.2	102.1	99.7	104.5
新　疆	Xinjiang	114.8	117.0	126.5	112.3	106.2	105.6	103.2	102.0	99.0	103.6

表6－13 续表 Continued

省(区、市)	Region	2001	2002	2003	2004	2005	2006	2007	2008	2009	2010
全 国	**Nation**	**100.4**	**100.2**	**102.2**	**105.6**	**101.6**	**101.5**	**103.9**	**108.9**	**97.6**	**103.6**
北 京	Beijing	100.6	100.4	102.2	104.3	100.7	100.4	102.8	107.8	97.1	102.5
天 津	Tianjin	99.7	99.5	102.6	107.3	101.2	100.7	102.6	109.2	97.6	102.6
河 北	Hebei	99.9	99.5	102.3	107.0	101.9	101.7	103.8	109.6	96.5	103.7
山 西	Shanxi	101.7	100.5	102.9	105.2	103.0	101.5	104.1	113.3	98.1	103.7
内蒙古	Inner Mongolia	100.8	101.0	102.6	105.0	103.7	103.3	103.8	108.1	98.5	105.4
辽 宁	Liaoning	100.4	100.7	102.5	104.8	102.8	102.1	104.3	109.1	97.0	103.3
吉 林	Jilin	101.1	101.2	101.1	104.1	102.0	102.2	103.9	107.3	99.4	102.4
黑龙江	Heilongjiang	100.1	100.2	102.3	105.0	102.2	102.1	104.5	109.0	97.6	105.2
上 海	Shanghai	100.7	100.3	102.4	106.7	100.8	100.1	103.5	107.9	97.0	103.8
江 苏	Jiangsu	100.8	101.7	104.3	109.4	100.9	101.2	104.9	110.0	97.7	105.1
浙 江	Zhejiang	100.4	100.5	103.5	105.9	100.3	101.5	104.4	109.3	96.7	104.7
安 徽	Anhui	99.5	101.1	103.5	106.1	101.0	101.9	105.4	109.4	96.0	105.4
福 建	Fujian	99.5	99.7	101.4	103.4	100.7	102.0	105.9	105.9	98.0	103.3
江 西	Jiangxi	98.9	100.0	105.1	107.4	100.5	103.2	105.4	110.4	96.1	104.8
山 东	Shandong	101.4	101.1	102.9	107.4	102.9	101.8	104.0	107.7	96.9	103.6
河 南	Henan	100.4	98.7	103.8	110.1	101.4	101.6	104.6	109.0	96.4	103.5
湖 北	Hubei	100.1	99.8	103.3	106.0	102.2	101.8	104.1	109.4	98.8	104.7
湖 南	Hunan	101.3	100.3	102.8	105.5	103.6	103.1	105.8	109.9	99.7	104.0
广 东	Guangdong	100.2	99.7	102.2	106.4	101.6	100.7	102.4	108.6	96.7	103.0
广 西	Guangxi	102.0	100.3	101.8	104.6	101.4	101.2	102.3	107.9	97.9	103.0
海 南	Hainan	100.3	98.2	103.2	105.6	101.2	101.0	106.1	113.3	97.7	105.2
重 庆	Chongqing	100.8	100.7	102.9	105.1	102.3	101.7	104.7	108.9	100.5	102.7
四 川	Sichuan	101.5	100.5	102.2	106.8	103.9	102.9	103.5	107.4	98.1	102.7
贵 州	Guizhou	100.4	100.2	102.3	104.9	101.4	101.1	104.2	110.2	97.8	102.1
云 南	Yunnan	101.0	100.0	102.2	108.0	104.6	101.8	105.5	112.5	98.3	102.5
西 藏	Tibet										
陕 西	Shanxi	103.6	102.0	101.7	104.5	103.7	102.6	104.0	109.5	99.3	103.6
甘 肃	Gansu	102.0	100.2	101.7	105.5	102.2	104.1	102.8	106.7	101.5	103.5
青 海	Qinghai	100.3	103.2	102.0	102.8	102.1	102.4	104.2	110.5	100.9	103.8
宁 夏	Ningxia	101.5	100.7	102.3	104.9	102.1	101.3	103.2	109.0	100.2	104.2
新 疆	Xinjiang	102.5	100.2	103.4	104.5	102.8	102.2	104.4	111.2	98.0	104.6

长江三角洲16个城市居民家庭人均可支配收入(2000～2010)
Per Capita Annual Disposable Income of Urban Households in 16 Cities of Yangtze River Delta

表6－14　　单位：元(Unit: yuan)

城　市	City	2000	2001	2002	2003	2004	2005	2006	2007	2008	2009	2010
上　海	Shanghai	11 718	12 883	13 250	14 867	16 683	18 645	20 668	23 623	26 675	28 838	31 838
南　京	Nanjing	8 233	8 848	9 157	10 196	11 602	14 997	17 538	20 317	23 123	25 504	28 312
镇　江	Zhenjiang	7 170	7 698	8 202	9 451	10 858	12 394	14 291	16 775	19 044	20 949	23 075
苏　州	Suzhou	9 274	10 515	10 617	12 361	14 451	16 276	18 532	21 260	23 867	26 320	29 219
无　锡	Wuxi	8 603	9 454	9 988	11 647	13 588	16 005	18 189	20 898	23 605	24 576	27 171
常　州	Changzhou	8 540	9 406	9 933	11 303	12 867	14 589	16 649	19 089	21 592	23 751	26 269
扬　州	Yangzhou	7 911	8 485	7 833	8 705	9 851	11 379	12 945	15 057	17 398	19 416	21 766
南　通	Nantong	6 734	7 205	8 640	9 598	10 937	12 384	14 058	16 451	18 903	21 001	23 541
泰　州	Taizhou	7 005	7 439	7 788	8 517	9 695	11 122	12 682	14 940	17 198	19 143	21 359
杭　州	Hangzhou	9 668	10 896	11 432	12 898	14 565	16 601	19 027	21 689	24 104	26 864	30 035
宁　波	Ningbo	10 921	11 991	12 970	14 277	15 882	17 408	19 674	22 307	25 304	27 368	30 166
嘉　兴	Jiaxing	9 338	10 920	10 757	12 251	14 392	15 555	17 129	19 238	21 177	22 730	24 815
湖　州	Huzhou	8 684	9 872	11 388	12 607	13 664	15 561	17 758	20 046	21 822	23 242	25 572
绍　兴	Shaoxing	9 401	10 669	12 133	13 535	15 676	17 319	19 178	21 717	23 509	25 418	27 626
舟　山	Zhoushan	8 886	10 161	10 985	12 213	13 747	15 524	17 525	19 856	22 257	24 082	26 242
台　州	Taizhou	9 225	10 680	11 817	13 609	16 113	18 313	19 953	22 245	24 181	25 889	28 583

长江三角洲16个城市居民家庭人均消费支出(2000～2010)
Per Capita Annual Consumption Expenditures of Urban Households in 16 Cities of Yangtze River Delta

表6－15　　单位：元(Unit: yuan)

城　市	City	2000	2001	2002	2003	2004	2005	2006	2007	2008	2009	2010
上　海	Shanghai	8 868	9 336	10 464	11 040	12 631	13 773	14 762	17 255	19 398	20 992	23 200
南　京	Nanjing	7 047	7 326	7 323	7 725	8 350	10 704	12 233	13 278	15 133	16 339	18 156
镇　江	Zhenjiang	5 803	6 235	6 305	6 969	7 374	8 335	9 196	12 008	12 217	13 031	14 080
苏　州	Suzhou	7 027	7 270	7 682	9 272	9 783	11 163	12 472	13 959	15 183	16 402	17 879
无　锡	Wuxi	6 975	7 405	7 567	8 360	9 517	10 774	11 372	12 257	13 563	14 963	15 867
常　州	Changzhou	6 759	7 526	7 973	8 944	9 878	10 718	12 503	13 789	14 967	15 961	17 124
扬　州	Yangzhou	5 898	5 959	5 575	5 910	6 509	7 388	8 273	9 696	11 562	12 888	13 679
南　通	Nantong	4 990	5 416	5 852	6 808	7 768	8 573	9 332	10 188	11 613	13 103	14 492
泰　州	Taizhou	5 637	4 945	5 550	5 743	6 318	7 556	8 184	9 021	10 985	12 163	13 445
杭　州	Hangzhou	7 790	8 968	9 598	9 950	11 213	13 438	14 472	14 896	16 719	18 595	20 219
宁　波	Ningbo	7 997	9 463	9 396	10 463	11 283	11 758	12 666	13 921	16 379	18 203	19 420
嘉　兴	Jiaxing	7 085	7 800	7 352	8 727	10 689	11 116	11 839	13 016	14 497	14 691	15 979
湖　州	Huzhou	6 353	7 644	8 133	8 431	9 380	11 108	11 861	13 013	14 233	14 561	16 207
绍　兴	Shaoxing	7 430	8 243	9 004	9 305	10 660	11 270	12 301	13 077	14 837	16 220	17 400
舟　山	Zhoushan	6 540	7 367	8 010	9 009	9 835	10 950	11 884	12 978	14 288	15 236	16 717
台　州	Taizhou	7 094	8 398	9 172	10 541	12 130	14 423	15 460	15 666	15 715	17 477	19 626

Appendix
附 录

主要统计指标解释
Explanatory Notes on Main Statistical Indicators

主要统计指标解释 Explanatory Notes on Main Statistical Indicators

城镇住户调查

城镇住户调查 主要涉及城镇居民家庭的基本情况、家庭收入与支出、以及生活质量等内容的调查。

城镇住户调查方法 依据国家统计局统一制定的抽样调查方案组织实施调查。

(1)抽样框:1980~1985年,按单位系统抽样框抽样; 1986年至今,按住户抽样框抽样。

(2)调查样本分布:黄浦、卢湾、徐汇、长宁、虹口、杨浦、静安、闸北、普陀、浦东、宝山和闵行等12个区。

(3)调查样本量:1980年~2003年,调查样本数量为500户家庭;2004年至今,为1000户家庭。

城市居民家庭可支配收入 指居民家庭可以用来自由支配的收入。由工资性收入、经营净收入、财产性收入、转移性收入四部分组成。计算公式:

可支配收入 = 家庭总收入 - 交纳个人所得税 - 个人交纳的社会保障支出 - 记账补贴;

城市居民家庭消费支出 指居民家庭用于满足家庭日常生活消费需要的全部支出,包括购买食物支出和各种服务性支出。

恩格尔系数 指食品支出占全部消费支出的比重,是反映人们生活水平高低的一项重要指标。国际上常用恩格尔系数来衡量一个国家和地区人民生活水平和富足程度。联合国粮农组织提出的标准,恩格尔系数在59%以上为贫困型阶段,50~59%为温饱型阶段;40~49%为小康型阶段;30~39%为富裕型阶段;30%以下为最富裕阶段。

服务性消费支出 指居民家庭用于支付社会提供的各种文化和生活方面的服务费用。包括:食品加工费、在外饮食、衣着加工服务费、家庭服务、医疗费、交通工具服务支出、交通费、通信服务费、文化娱乐服务费、教育费用、房租、住房装潢支出、居住服务费以及其他服务费。

Survey of Urban Households

Survey of Urban Households

Covers mainly the households' basic facts, income, expenditures and life quality.

Mode of Urban Household Survey

The survey was carried out in accordance with the uniform scheme of urban household survey stipulated by the National Bureau of Statistics.

Disposable Income of Urban Households

Refers to the actual income at the disposal of the household members. It is composed of salaries, net revenue from household business, property income and transfer income.

Disposable income = total household income–personal income taxes– payment for social securities–household accounting subsidy

Consumption Expenditures of Urban Households

Refer to all the spending of urban households on daily needs, including expenditures on food and services.

Engel's Coefficient

Refers to the proportion of expense on food to the consumption expense. It is an important indicator which reflects the living level of people, and internationally it is often used to measure the living and prosperity level of people in a country or region. According to the standard provided by FAO, countries (regions) whose Engel's coefficient is over 59% are of the poor stage; 50~59% are of the subsistence stage; 40~49% are of the well-off stage; 30~39% are of the rich stage; and below 30% are of the very rich stage.

Spending on Services

Refers to what households pay for services rather than commodities. It includes money paid for food processing, eating out, clothing processing, domestic service, medical service, transport means, transport, communication, cultural and recreational services, education, rent, housing interior decoration, residence service and other services.

Average propensity to consume

Is the percentage of income spent. Usually, we select a household's disposable income as the income when we calculate this gauge. Propensity to consume is an important measurement of living standard. Generally speaking, the higher income will generate the lower the propensity to consume; and the lower income will generate the higher propensity to consume. Given the fixed income, the higher consumer propensity to consume indicates a stronger desire for consumption, which in turn will give a bigger

平均消费倾向 指居民消费支出占收入的比重。在实际计算居民家庭平均消费倾向时,收入通常以居民家庭可支配收入来表示。消费倾向是度量居民生活水平的重要指标,一般来说,居民收入越高,消费倾向越低;收入越低,消费倾向越高。在收入既定的前提下,居民消费倾向越高,表明消费欲望越强烈,对经济增长的拉动作用越大;反之,则相反。

农村住户调查

农村住户调查 主要涉及农村居民家庭的基本情况、家庭收入与支出、以及生活质量等内容的调查,具体包括家庭人口与就业状况、房屋拥有和使用情况、家庭收入消费与积存情况、主要商品购买与消费情况、家庭经营情况,耐用消费品的拥有情况等。

农村住户调查方法 依据国家统计局统一制定的抽样调查方案组织实施调查。农村住户调查样本的产生,先是以全市调查县所辖全部村(居委会)为总体,通过随机等距抽样方式抽选满足调查需要的调查村(居委会)、然后根据抽中的调查村(居委会)的全部常住户按随机等距抽样方法抽选满足需要的调查户。农村住户调查方式采用被调查户记账和由调查员对被调查户进行一次性访问调查相结合的方式进行。

农村居民家庭可支配收入 指农村住户获得的经过初次分配与再分配后的收入,包括工资性收入、家庭经营纯收入、财产性收入和转移性收入。可支配收入通常是指居民家庭可用于最终消费、非义务性支出以及储蓄的收入。

工资性收入 指农村住户成员受雇于企业(单位)或个人而获得的就业或与就业有关的收入。

家庭经营纯收入 指农村住户以家庭为生产经营单位进行生产筹划和管理而获得的纯收入。农村住户家庭经营活动按行业划分为农业、林业、牧业、渔业、工业、建筑业、交通运输业邮电业、批发和零售贸易餐饮业、社会服务业、文教卫生业和其他家庭经营。

家庭经营纯收入 = 家庭经营收入 - 家庭经营费用支出 - 税费支出 - 生产性固定资产折旧

财产性收入 指农村住户家庭成员利用金融资

push to the economic growth, and the other way around, the opposite will be true.

Survey of Rural Households

Survey of Rural Households

Covers mainly basic facts, income and expenditures, and life quality of rural households. Specifically, it collects data on the family size and employment; real estate possession and usage; households' income, expenditures and savings; purchase and consumption of major commodities; family businesses and possession of durable consumer goods.

Mode of Rural Household

Survey The survey was carried out in accordance with the uniform scheme of rural household survey stipulated by the National Bureau of Statistics. Steps of choosing the sample of rural household survey are: First, select sample villages (residents' committees) from the eligible villages (residents' committees) all over the city according to the principle of random and systematic sampling; then, select the sample households from all eligible households in these selected sample villages (residents' committees) according to the principle of random and systematic sampling. Rural household survey is carried out by the sample households which keep an account of relevant data and by investigators who conduct one time interviews with sample households.

Disposable Income of Rural Households

Refers to the actual income at the disposal of rural households after initial distribution and reallocation. It consists of salaries, net revenue from household business, property income and transfer income. Disposable Income can be used for final consumption, non compulsory expenditure and savings.

Salaries

Refers to the payment rural household members obtain from their employment in enterprises (work units).

Net Revenue from Household Business

Refers to the net income acquired from household based businesses through production planning and management. Rural household business can be classified into the categories by industry, such as farming, forestry, animal husbandry, fishery, industry, construction, transport, communication, wholesale, retail, trade and catering, social services, and services in culture, education, and health care.

Property Income

Refers to the income received as returns by owners of financial assets or tangible non-productive assets by providing capitals or tangible non-productive assets to other institutional units, such as the income of leasing real estate, land or equipment. But the property operation cost must be deducted.

Transfer Income

Refers to the receipt by rural households and their members of goods, services, capitals or right of assets without giving or repaying accordingly. However, the capitals provided to them for

产或有形非生产性资产的运作而从中获得的收入，如出租房屋、土地和设备得到的租金收入，但需扣除财产运作中的成本支出，即财产性支出。

转移性收入 指农村住户家庭成员无须付出任何对应物而获得的货物、服务、资金或资产所有权等，不包括无偿提供的用于固定资本形成的资金，并扣除转移性支出。

生活消费支出 指农村住户用于物质生活和精神生活方面的消费支出。包括食品、衣着、居住、家庭设备用品及服务、医疗保健、交通和通信、文教娱乐用品及服务、其他商品和服务等消费的支出。

居民消费价格调查

居民消费价格指数 是指度量一组代表居民家庭消费的商品和服务项目价格水平随着时间而变动的相对数，是综合反映居民家庭购买的消费商品和服务项目价格水平变动情况的重要指标。

居民消费价格指数的分类 居民消费价格指数按用途分为8个大类，包括食品、烟酒及用品、衣着、家庭设备用品及维修服务费、医疗保健及个人用品、交通和通信、娱乐教育文化用品及服务、居住等。根据全国近13万户城乡居民家庭消费支出调查资料中消费额较大的项目和习惯，确定262个基本分类。

居民消费价格调查点的确定 首先，将区域内各种类型的商店、农贸市场、服务网点分别以销售额、成交额和经营规模为标志，从高到低排序；然后，依据所需调查数量进行等距抽样确定调查点。

居民消费价格调查方式 采取定人、定点、定时直接上门调查。

居民消费价格指数权数的确定 根据本市城乡居民家庭消费支出构成资料中各种商品或服务项目支出额在所有消费商品或服务项目总支出额中所占的比重来计算确定。

商品零售价格调查

商品零售价格调查 商品零售价格指数是综合反映商品在流通过程中最后一个环节的价格变动情

the formation of fixed assets and the transfer expense must be deducted.

Living Expenditure

Refers to rural households' spending on material and cultural consumption in their daily life. It includes the expenditure on food, clothing, housing, household facilities, articles and services, medical care, transport and communication, education, culture and recreation products and services, and other commodities and services.

Residents' Consumer Price Survey

Consumer Price Index

Is an index used to measure the change in the cost of basic goods and services in comparison with a fixed base period. It is also an important indicator which comprehensively reflects the change in the prices paid by resident households for consumer goods and services.

Consumer Price Indices by Category

Consumer Price Indices could be classified to eight categories according to consumption purposes. They are: food; cigarette, liquor and articles; clothing; home facilities, appliances and repair services; medical, health care and personal articles; transport and communication; cultural, educational and recreational products and services; and housing. Also, according to investigations of higher expenditure items and the habit of consumption conducted among some 130,000 urban and rural households in the country, consumer price indices have been classified into 262 basic headings.

Selection of Consumer Price Survey Spots

First, list all kinds of shops, markets (including fairs and service outlets) with wide variety of commodities in a designated area according to their sales volumes, transaction values and operation sizes from high to low. Then, select sample spots by systematic sampling according to the required sample size.

Method of data collection

Enumerators are sent to the survey spots to take the records of the prices at the fixed times and the fixed spots in a door-to-door manner.

Determination of the weights

The weights for calculation of the consumer price indices are determined according to the composition of the consumption expenditures of the urban and rural households in the city.

Retail Price Survey

Retail Price Index

Is a comprehensive indicator of the changes of prices in the last stage of the goods circulation. Survey scope of retail prices involves all kinds of retail goods in industry, commerce, catering and other trades. The survey scope also involves the prices of consumer goods and office products that farmers sell to no agricultural residents, institutions and organizations. There are 16

况。商品零售价格的调查范围涉及到各种类型的工业、商业、餐饮业和其他行业的零售商品以及农民对非农业居民、机关团体出售的生活消费品和办公用品的价格，包括食品、饮料烟酒、服装鞋帽、纺织品、家用电器及音像器材、文化办公用品、日用品、体育娱乐用品、交通通信用品、家具、化妆品、金银珠宝、中西药品及医疗保健用品、书报杂志及电子出版物、燃料类、建筑材料及五金电料等16个大类，229个基本分类的商品零售价格。

商品零售价格调查点的确定　在对零售企业、农贸市场经营的品种、零售额等指标进行摸底调查的基础上，选择经营品种齐全、零售额大的中心市场、农贸市场作为商品零售价格指数的调查点。

商品零售价格调查方式　采取定人、定点、定时直接上门调查。

商品零售价格指数权数的确定　大类权数根据批发零售贸易统计中的相关资料和其他相关资料推算，小类及基本分类具体商品的权数根据典型调查资料，并参考居民消费价格指数中的相关权数进行调整。

工业品价格调查

工业品价格调查　工业品价格是指企业工业品第一次出售时的出厂价格和企业作为中间投入的原材料、燃料、动力购进的产品价格。工业品价格指数调查的步骤：一般先确定调查企业，然后再确定调查产品。

工业品价格调查选择代表企业的原则　按工业行业分类选择调查企业，各中类行业原则上都要有调查企业，大型企业应尽量都选上。同时，还要考虑选择生产稳定、正常的企业作为调查对象，选择企业时要兼顾不同的所有制形式。

工业品价格调查选择代表产品的原则　按工业行业选择代表产品，选择对国计民生影响大的产品，选择生产较为稳定的产品，选择有发展前景的产品，选择具有地方特色的产品。

工业品价格的调查方式　采用重点调查与典型

main categories and 229 basic categories for retail prices of commodities, including food, beverages, tobacco, liquor, clothing, shoes, hats, textile products, household appliances, music and audio equipment, cultural and office articles, daily use articles, sports and recreational products, transport and communication products, furniture, cosmetic products, gold, silver and jewelry, traditional Chinese and western medicines, and health care articles, books, newspapers and magazines, electronic publications, fuels, building materials, hardware and electric materials.

Selection of Survey Spots

Large scale shops and markets (including fairs and service outlets) with wide var iety of commodities are selected as survey points

Method of data collection

Enumerators are sent to the survey points to take the records of the prices at the fixed times and the fixed spots in a door to door manner.

Determination of the weights

The weights for calculation of the retail price indices are determined mainly according to the total retail sales of commodities. The weights for calculation of basic headings are determined according to typical units' survey data and adjusted in light of the relevant weights for calculation Consumer Price Indices.

Producer Price of Industrial Products Survey

Producer Price of Industrial Products

Refer to the ex-factory price of manufactured goods when they are first sold. It also includes the prices of intermediate inputs, such as raw materials, fuels and power. The steps of the survey: First, select the representative enterprises, and then select the representative goods.

Principles for selecting the representative enterprises:

(a) Enterprises to be covered in the survey are selected by industrial sectors. In principle, every branch should have enterprises selected; (b) All (or a majority of) large-sized enterprises should be selected; (c) Enterprises selected should be those with normal and stable production; (d) Different types of ownership should be considered in selecting enterprises.

Principle for the selection of representative goods:

(a)The goods are selected by industrial sectors; (b)The selected goods should have great impact on the national economy and people's living conditions; (c)The production of the goods selected are relatively more stable; (d)The prospects of the goods selected are promising; (e)The goods selected are typical to the place in question.

Method of data collection

The survey program is a combined use of the key units' survey and typical units' survey methods. The method of reporting forms by enterprises is adopted. There are about 1,100 industrial enterprises which should report the price data every month on a set date.

Determination of the weights

调查相结合的调查方法。目前上海工业品价格的调查涉及近1100家工业企业，这些企业每月以规定的时间上报其工业产品的价格资料。

工业品价格指数权数的确定 编制工业品价格指数所用的权数，以全市工业各类产品的销售额计算，部分产品价格的权数以典型调查加工计算。

有关工业品价格指数行业分类的变动说明

(1)农副食品加工业从2003年起按新口径编制，1995年~2002年归类于食品加工业，1995年~1996年食品加工业包含在食品制造业中。

(2)纺织服装鞋帽制造业从2003年起按新口径编制，1997年~2002年为服装及其他纤维制品制造业，1995年~1996年服装及其他纤维制品制造业包含在纺织业中。

(3)通用设备制造业从2003年起按新口径编制，1995年~2002年为普通机械制造业，1995年~1996年普通机械制造业、专用设备制造业及其他制造业包含在原机械工业行业中。

(4)石油加工炼焦及核燃料加工业从2003年起按新口径编制，1995年~2002年为石油加工及炼焦业。

(5)工艺品及其他制造业从2003年起按新口径编制，1995年~2002年为其他制造业。

(6)通信设备、计算机及其他电子设备制造业从2003年起按新口径编制，1995年~2002年为电子及通信设备制造业。

(7)电力、热力的生产和供应业从2003年起按新口径编制，1995年~2002年为电力蒸汽热水生产和供应业。

(8)2003年起新增废弃资源和废旧材料回收加工业。

工业品出厂价格指数 是反映一定时期内全部工业产品出厂价格总水平的变动趋势和程度的相对数。其中除包括工业企业售给商业、外贸、物资部门的产品外，还包括售给工业和其他部门的生产资料以及直接售给居民的生活消费品。通过工业生产价格指数能观察出厂价格变动对工业总产值的影响。

The weights for calculation of the Producer Price Indices of Industrial Products are determined according to the total sales value of manufactured goods in the city. The weight of certain products is calculated and processed through a typical units' sample survey.

Explanation on Changes in the Classification of Producer Price Indices of Industrial Products

(1)Processing of Food from Agricultural Products has been defined as a new sector since 2003. From 1995 to 2002, it was classified in the sector of Processing of Foodstuff, which was included in the sector of Food Production from 1995 to 1996.

(2)Manufacture of Textile Wearing Apparel, Footware, and Caps has been defined as a new sector since 2003. It was categorized as Manufacturing of Clothing and Other Fiber Products from 1997 to 2002. Manufacturing of Clothing and Other Fiber Products was included in Textile Industry from 1995 to 1996.

(3)Manufacturing of General Purpose Machinery has been defined as a new sector since 2003. It was categorized as Manufacturing of General Machinery from 1995 to 2002. Manufacturing of General Machinery, Manufacturing of Special Purpose Machinery and Other Manufacturing Industries were included in Machinery Industry from 1995 to 1996.

(4)Processing of Petroleum, Coking, Processing of Nuclear Fuel has been defined as a new sector since 2003. It was named as Processing of Petroleum and Coking from 1995 to 2002.

(5)Manufacturing of Artwork and Other Manufacturing has been defined as a new sector since 2003. It was defined as Other Manufacturing from 1995 to 2002.

(6)Manufacturing of Communication Equipment, Computers and Other Electronic Equipment has been defined as a new sector since 2003. It was named as Manufacturing of Electronics and Communication Equipment from 1995 to 2002.

(7)Production and Supply of Electric Power and Heat Power has been defined as a new sector since 2003. It was named Production and Supply of Electric Power, Steam and Hot Water from 1995 to 2002.

(8)Recycling and Disposal of Waste has been defined as a new sector since 2003.

Producer Price Index of Industrial Products

Shows the changing trends and the change rates in overall industrial product producer price during a certain period of time. It includes products which are sold to commercial, foreign trade, material departments by industrial enterprises, means of production which are sold to industrial enterprises and other departments, as well as consumer goods which are directly sold to residents. Producer Price Index of Industrial Products reflects the compacts of the changes of producer prices on gross industrial output value.

Purchasing Price Index of Raw Materials, Fuels and Power

hows the changing tends and changing rates of prices at ..ich enterprises purchase raw materials, fuels and power in the

原材料、燃料、动力购进价格指数 是反映工业企业作为生产投入,从物资交易市场和能源、原材料生产企业购买原材料、燃料和动力产品时,所支付的价格水平变动趋势和程度的统计指标,是扣除工业企业物质消耗成本中的价格变动影响的重要依据。

固定资产投资价格调查

固定资产投资价格调查 固定资产投资价格调查所涉及的价格是构成固定资产投资额实体的实际购进价格或结算价格。调查的内容包括构成当年建筑工程实体的钢材、木材、水泥等 7 种主要建筑材料价格,作为活劳动投入的劳动力价格(单位工资)和各种施工机械使用费价格,设备工器具购置和其他费用投资价格。

固定资产投资价格调查样本的选择的原则 样本单位应具有一定覆盖面; 投资经济活动代表性强; 选择重点工程;兼顾不同经济类型及不同工程类别。

固定资产投资价格调查方式 采用重点调查与典型调查相结合的方法,在本市选择百余家建安及装饰公司、政府有关部门及银行等单位作为基本填报单位,每季以报表方式上报数据资料。

固定资产投资价格指数权数的确定 编制固定资产投资价格指数所用的权数,用全市投资完成额计算确定。

materials markets or from enterprises that produce power and raw materials. It is one of the key factors that measure the influence of price changes for deducting material costs for industrial enterprises.

Investment in Fixed Assets Price

Investment in Fixed Assets Price

Refers to the actual purchasing price or settlement price. The survey content includes the prices of 7 types of main construction materials that constitute the architectural engineering entity in the year, such as steel, timber, cement. It covers the price of manpower invested as living labor (unit wages), prices for renting of building machinery and equipment, purchasing price of equipment, tools and instruments and the prices of others investments.

Principle for Selecting Samples

(a)Sample units should have a good coverage; (b)The economic activity of investment should have strong representativeness; (c)Different economic types of ownership should be considered; (d)key projects should be selected; (e)Attention should be given to various sectors of the national economy and types of projects.

Method of data collection

The survey program is a combined use of the key units' survey and typical units' survey methods. Over 100 building and home decoration enterprises, relevant government departments and banks should be chosen as the basic reporting units, which should report data forms quarterly.

Determination of the weights

The weights for calculation of the price indices for investment in fixed assets are determined according to the total value of the finished investment in the city.

中国统计出版社最新图书简目

（仅供参考，以最后出书为准）

统计资料

中国统计年鉴–2011　中国统计摘要–2011　国际统计年鉴–2011
2011中国发展报告　中国第三产业统计年鉴–2011　中国区域经济统计年鉴–2011
中国劳动统计年鉴–2011　中国社会统计年鉴–2011　中国城市统计年鉴–2009
中国建筑业统计年鉴–2011　中国人口和就业统计年鉴–2011　中国工业经济统计年鉴–2011
中国商品交易市场统计年鉴–2011　中国房地产统计年鉴–2011　中国能源统计年鉴–2011
中国民政统计年鉴–2011　中国贸易外经统计年鉴–2011　2011中国地区经济监测报告
中国科技统计年鉴–2011　中国农村统计年鉴–2011　中国农产品价格调查年鉴–2011
中国高技术产业统计年鉴–2011　中国教育经费统计年鉴–2010　中国农村贫困监测报告–2011
全国农产品成本收益资料汇编–2011　中国科学技术协会统计年鉴–2011　工业企业科技活动资料–2011
大中型批发零售和住宿餐饮企业统计年鉴–2011　中国城市(镇)生活与价格年鉴–2011
中国县（市）社会经济统计年鉴–2011　中国农村住户调查年鉴–2011（中、英文）　中国农村全面建设小康监测报告–2011
第二次全国R&D资源清查资料汇编－综合卷　第二次全国R&D资源清查资料汇编－工业企业卷　中国零售和餐饮连锁企业统计年鉴–2011
2010年中国第六次人口普查公报

2011年省级综合统计年鉴系列

北京　天津　河北　山西　内蒙古　辽宁　吉林　黑龙江　上海　江苏　浙江　安徽　福建　江西　山东
河南　湖北　湖南　广东　广西　海南　重庆　四川　贵州　云南　西藏　陕西　甘肃　青海　宁夏
新疆　新疆生产建设兵团

2011年市(县)级综合统计年鉴系列

天津滨海新区　石家庄　唐山　邯郸　太原　大同　长治　阳泉　晋城　朔州　晋中
运城　忻州　临汾　呼和浩特　包头　沈阳　大连　长春　吉林市　四平　哈尔滨　黑龙江垦区
上海浦东新区　苏州　无锡　常州　徐州　南通　盐城　镇江　江阴　丹阳
杭州　宁波　绍兴　台州　温州　金华　嘉兴　衢州　福州　福州经济技术开发区
厦门经济特区　南昌　上饶　济南　青岛　潍坊　郑州　洛阳　三门峡　南阳　武汉　宜昌
十堰　荆州　咸宁　长沙　广州　东莞　惠州　深圳　桂林　南宁　柳州　来宾　河池　海口　成都　绵阳
贵阳　昆明　庆阳　西安　兰州　银川　乌鲁木齐

“十一五”规划教材

非参数统计　医学统计学　概率论与数理统计　统计学　现代金融投资统计分析
多元统计分析　经济计量学教程　应用时间序列分析　统计指数理论及应用
统计数据处理概论　质量管理统计方法　社会统计学　多元统计分析实验
企业经营管理统计　市场调查与预测　统计学原理（非统计专业使用）
统计学：从数据到结论　国民经济核算教程(国民经济统计学)　概率论与数理统计(经济、管理类专业使用)

重点图书

挑大学选专业2011—高考志愿填报指南　挑大学选专业2011—考研择校指南

(京)新登字041号

图书在版编目(CIP)数据

上海居民生活和价格年鉴. 2011 ：汉英对照
/ 国家统计局上海调查总队，上海市统计局编.
— 北京 ：中国统计出版社，2011.9
ISBN 978-7-5037-6353-3

Ⅰ.上…
Ⅱ.①国… ②上…
Ⅲ.①城镇-职工家庭收支调查-统计资料-上海市-2011-年鉴-汉、英
②物价管理-统计资料-上海市-2011-年鉴-汉、英
Ⅳ.①F126.2-66 ②F726.751-66

上海居民生活和价格年鉴—2011

作　　者/国家统计局上海调查总队　上海市统计局
责任编辑/佘竞雄
E-mail/yearbook@stats.gov.cn
执行编辑/孟宪国
封面设计/蔡旭洲
出版发行/中国统计出版社
通信地址/北京市西城区三里河月坛南街57号　中国统计出版社
邮　　编/100826
电　　话/(010) 63376907
印　　刷/上海万卷印刷有限公司
经　　销/新华书店
开　　本/880×1240毫米1/16
字　　数/48.88万字
印　　张/12
印　　数/1～800册
版　　别/2011年9月第1版
版　　次/2011年9月第1次印刷
书　　号/ISBN 978-7-5037-6353-3/F·3043
定　　价/280.00元